# 小　城　镇

## ——城乡一体化的大战略

徐志文　著

合肥工業大學出版社

# 前　言

城乡一体化作为指引我国社会改革发展的一项根本战略，其本质的要求是依据城乡经济社会关系演化的客观规律，在促进城乡要素合理流动的基础上，逐渐实现城乡生产力优化分工、城乡生态资源统筹规划、城乡公共服务均等供给，城乡居民共享社会发展文明。从上述较为笼统的描述中不难看出，城乡一体化事实上融合了静态结果以及动态过程两个维度的内涵。静态的城乡一体化可以看成是一种高级的城乡关系形态，即城乡融合发展的各项目标最终得以实现的状态；动态的城乡一体化则可以理解为朝着高级城乡关系目标发展的过程，即城乡人口、资源、产业在城乡间的合理流动与演化。

事实上，无论是城乡一体化的终极目标还是过程性的阶段性目标，它们的实现都有赖于市场和政府两只“手”的共同作用，尤其是政府宏观决策以及公共政策的引导和调节。对于我国这种二元经济“惯性”很强的发展中国家而言，市场往往有着很强的城市偏向以及工业偏向，虽然这种城市发展偏向属性在特定的历史时期较好地促进了我国经济的快速恢复和发展，但同时也造成了农业与非农产业、城市与乡村之间差距扩大，以及城市结构体系内部的失衡等一系列的副作用。因此，从城乡关系的自我演化过程来看，市场经济不是万能的，一定的宏观政策与微观措施的介入是保障城乡一体化过程顺利推进的必要条件。比如目前我国不断深入推进的新农村建设以及大规模的乡村扶贫行动，这些政策的出台和落实无疑有效地激发了农村内生发展的动力，缓解了城乡收入差距不断扩大的趋势，但事实上城乡一体化的均衡远远不限于表层的收入均衡，还包括更深层次的居民效用均衡以及持续发展能力上的均衡。这些深层次均衡条件的创造在很大程度上必须依赖城乡公共产品供给的均等化以及城镇文明的纵深辐射，更具体一点讲，依赖农村城镇化水平和质量的提高，也就是农村中小城镇和村镇的健康持续发展。中小城镇健康有序发展事实上比孤立地建设新农村更能有效激发城市和乡村的联动发展潜力，拓宽城市和乡村融合发展的空间。

理论研究以及发达国家的历史经验表明，城乡一体化事实上包括城市化以及逆城市化两个阶段。当大城市的过度聚集而导致的“城市病”成为一个国家亟待解决的问题时，其内在的逆城市化冲动就会越来越强烈，此时大中城市的郊区或者小城镇在污染治理、生态修复以及新型人与自然关系的构建优势就会逐渐显露。在城乡融合发展的历程中，无论是乡村的社会进步，还是城市的拓展升级，中小城镇都是实现发展目标的一个有效载体，西方许多优美小城镇以及田园城市发展的成功经验已经从理论和实践上证实了该路径的可行性。

系统梳理近几年来我国城乡统筹发展的相关战略方针，不难发现，新型城镇化、小城镇等概念已经成为学术探讨以及政府报告的高频词汇。新型城镇化进程中小城镇的协同发展俨然已成为我国城乡融合发展的重要路径和措施。被喻为“城尾乡首”的小城镇不但承载着乡村振兴的时代使命，而且承担着我国城市圈层结构疏解、优化的重要任务。“舞动城市之尾、昂起乡村之首”无论是从理论还是实践来看，都应该成为我国推动城乡一体化、构建城乡命运共同体的重要手段。据《中国中小城市发展报告(2018)》统计，截至2017年底，我国中小城市直接影响和辐射的总行政区面积达934万平方公里，占国土面积的97.3%；影响和辐射的总人口达11.7亿，占全国总人口的84.67%。这些数据也都毫无疑问地表明，小城市及其下辖的各类镇区在我国社会经济发展和人民生活中具有极其重要的地位。

当然，小城镇发展目标的实现同样也需要市场和政府两只“手”的保驾护航，需要政策的持续改革和创新。现阶段我国小城镇的发展情况参差不齐，一些小城镇由于受大中城市“虹吸现象”的影响以及缺乏产业的持续支撑，甚至出现了衰落迹象。但恰如“不破不立”一直是人类社会发展和进步的重要规律，一些缺乏竞争力的个体淘汰，事实上会给整个群体的发展带来更多的机遇。小城镇的发展亦是如此，小城镇发展历程中一些缺乏活力、竞争力的个体的消亡并不能否定小城镇整体群落对城乡社会未来发展的重要意义。

从人类城市发展演变的规律来看，小城镇原本就是城市化、工业化的起点。随着后工业化时代网络、大交通等手段的迅速普及，城市的具体形态也将日益弥散、抽象，而这样的结构无疑将会是小城镇重新回归和振兴的舞台。无论是从城乡社会经济协调发展，还是从促进“人本”精神回归的角度来看，城乡一体化进程中的小城镇都值得我们用大战略的眼光去看待。

本书在写作和出版的过程中受到了安徽省哲学社会科学规划项目（AHSKY2017D99）、安徽省高校优秀青年人才支持计划项目（gxyq2017085）、铜陵学院人才科研启动基金项目（2017tlxyrc05）等的资助，同时还受到了其他各方的支持和帮助。在此致以衷心的感谢。

作　者

2021 年 10 月

# 目　　录

# 第一章 导 论

## 第一节 研究问题的提出

### 一、新型城镇化与城乡统筹战略相互契合

2013年12月12日，党中央召开了我国自改革开放以来的第一次城镇化工作会议。会议上习近平同志明确指出，“推进新型城镇化是解决农业、农村、农民问题的重要途径，是推动区域协调发展的有力支撑”。该会议精神的部署无疑为我国城乡社会事业的统筹发展指明了方向，明确了新型城镇化协同推进城乡一体化的发展路径。

根据国家统计局2019年8月发布的《新中国成立70周年经济社会发展成就系列报告之十七》，截至2018年末，我国“常住人口城镇化率①”已经达到了59.58%，较1949年末提高了48.94个百分点，年均提高0.71个百分点；“户籍人口城镇化率②”也达到了43.37%，较2015年提高了3.47个百分点，年均提高1.16个百分点。这些直观数据无疑生动显示了我国城镇化事业在规模以及速度上的伟大成就。除了城乡人口比例的变动，我国城镇化事业的成就还体现为城市数量和城市规模的显著增长。1949年末，我国城

① 常住人口通常指实际居住在某地区6个月以上的人口，因此常住人口城镇化率是指居住在城镇中的常住人口数占总人数的比例。我国城镇常住人口不仅包括具有城镇户籍的城镇人口，也包括“常住”在城镇的没有城镇户籍的农村迁入人口。

② 户籍人口城镇化率则是指取得城镇户籍的人口数占总人数的比例。

市数量仅为132个，其中地级以上城市65个，县级市67个，建制镇2000个左右。到2018年末，我国城市个数达到了672个，其中地级以上城市297个，县级市375个，建制镇则快速增长到了21297个①。

新中国成立70年来城镇化事业所取得的成就无疑值得肯定，但其中所隐藏的问题也不容忽视。简单地以上述“户籍人口城镇化率”(43.37%)落后“常住人口城镇化率”(59.58%)超16个百分点的事实为例，说明我国的城镇化工作欠账仍然严重，一大批进入城镇生活的农村转移人口由于户籍的限制，无法平等地享受就业、教育、医疗、社会保障等方面的公共服务。而且这一问题的存在也引发了更多的连锁问题，比如一些城乡接合部由于无城市户籍人口的聚居而带来了城市管理上的困难；部分无城镇户籍人口就业的不稳定性制约了产业工人的技艺提升，进而影响到经济发展的质量；大量转移人口频繁长距离往返于城乡之间，形成了巨大的交通压力，进而造成个人和社会资源的巨大浪费等等。这种“浅城镇化”或“半城镇化”的现象其实也是我国更深层次城乡统筹发展所要解决的现实问题。

当前，我国的常住人口城镇化率已接近60%，正处于城镇化的战略转型期。毫无疑问，未来的重点应该是全面提高城镇化的质量和内涵，走中国特色新型城镇化道路。依据目前学术界和政策制定层面的共识，新型城镇化是一种“以人为核心”的城镇化，其最直观的表现就是农业转移人口进入城镇，农民变为市民，进而享受城镇发展带来的各种生活便利和社会福利，但这一过程背后则涉及城市和乡村、工业和农业等不同层面的城乡关系。恰如马克思、恩格斯所指出的“对于传统社会来说，社会整体变迁意义上的进步莫过于城市社会取代农业社会”。城市化，从表面动态过程观察，常表现为人口从乡村流入城市，转移人口在城市不断聚集，城市空间不断扩大的一个过程，但其深层结构则呈现出城镇体系以及乡村特征的巨大变化，比如城镇之间、城市与乡村之间土地利用模式的改变；社会生态的改变；建筑环境的改变以及城镇生活的本质变化。这些表面现象与深层结构变化所映射出的城市化特征是多维的、系统的。因此，对于城市化的认知和理解无疑要求

① 上述数据均来源于《新中国成立70周年经济社会发展成就系列报告之十七》。

我们具有全面的城乡视域观;在思考城镇化问题时突破传统的城乡二元分割思维,把城镇化置于城乡一体化的框架之下,通过促进城乡要素的自由流动、平等交换、均衡配置来实现城镇化事业服务于全体社会公民的终极目标;城市的繁荣不能建立在农村衰落的基础上,城镇化的红利应该在城乡居民间共享;城市病与农村病应该统筹兼顾、共同治理。

一般说来,人类社会的城市化过程会经历三个不同的阶段,第一阶段:城乡分离,城市化启动与快速发展。此时城乡实力异常悬殊,城市聚集经济对农村人口、农村产业以及土地等要素具有很强的虹吸效应,因此农村人口和产业迅速地、大规模地向城市集中,城市的发展与繁荣往往以农村的相对萎缩为代价。第二阶段:城市辐射农村,城市自身优化。为了创造出自身持续健康发展的条件,城市会把发展的重心转移到对农村的扩散、辐射以及带动上。第三阶段:城乡融合。此时,城乡人口、土地、产业等要素在城市和乡村之间的转移处于相对均衡状态,城乡的收入水平与生活质量已经基本接近,这个阶段就是城市化的最高阶段,也是我们常描述的城乡一体化。许多学者的研究也佐证了该观点的正确性,如英国的大卫·哈维(David Harvey)、美国的曼纽尔·卡斯特(Manuel Castells)、麦吉(McGeeT. G)等都认为,城市化的最终目的是实现城乡一体化。

因此,循着上述的逻辑思路,我国新型城镇化与城乡统筹发展的内在契合机制就逐渐变得清晰:城乡统筹发展是新型城镇化推进的根本保障,城乡的共同繁荣是新型城镇化的基本目标;新型城镇化则是我国解决三农问题、提升城镇内涵品质,实现城乡发展一体化的根本途径。

### 二、小城镇成为新型城镇化战略重要内容

我们仍以《新中国成立70周年经济社会发展成就系列报告之十七》中所提及的城市数量以及城市规模增长为例,不难发现,70年来,我国地级以上城市数量增长了4.6倍,县级以上城市数量增长了5.6倍,建制镇数量则增长了10.6倍。这种不同级别城镇数量增长上的梯度差异不由地引人深思:处于城镇级别末端,但数量庞大的建制镇是否应该在我们的新型城镇化进程中被更多地予以关注和重视?小城镇的发展是否能助力为破解我国城乡二元结构长期存在所形成的各种积疴?很长一段时间以来,我

国的“城镇化”常常被表述为“城市化”,因为在中国的城市体系中,市的名称是一个很重要的尺度,不同等级和规模的市就意味着不同的政治序列,不同的政治序列又意味着不同的资源以及公共政策投入。其实,直到今天,我国的城市等级仍然是这种公共政策的结果,政治等级高的城市会毫无疑问地锁定和聚集大量资源。以国家统计局城市经济社会调查总队所出版的《中国城市统计年鉴》为例,该统计仅仅记录了县级市以上的城市经济社会发展数据,因此,从这个意义上看,乡镇并不在城市数据之列,乡镇在城镇化工作中的主动作用和地位长期被低估。当然,这一趋势随着我国新型城镇化道路的不断践行,也出现了很大逆转,尤其是“大中小城市、小城镇、新型农村社区协调发展,互促共进的城镇化”理念日益深入人心。例如,《中华人民共和国 2016 年国民经济和社会发展统计公报》首次以我国“城镇常住人口数量为 79298 万人”这一指标描述强化了小城镇在我国城市体系发展中的重要意义。小城镇不仅在内容上毫无疑问属于我国城市体系的有机构成部分,而且在城市体系转型升级以及城乡统筹发展过程中,也不应该被排除在外。

根据经济社会发展的自然规律,一个国家的城镇体系应当呈现出“小城镇—小城市—中等城市—大城市—特大城市”依序发展的格局。从发展逻辑上讲,只有依托小城镇和小城市的发展,农村产业才有更好的发展载体,农村经济才能全面繁荣,并且为中等城市和大城市的发展提供厚实的基础。但是,我国始于 20 世纪 50 年代的工业化战略是典型的重工业优先战略,而重工业又是资本密集型产业,要以资源的高度集中和人口较大规模的聚集为基础,因此,长期以来我国的城镇化重心是大中城市。基础设施、公共服务、产业布局和资金投入等都是优先满足大中城市的发展需要,小城镇以及小城市的发展无形中受到了严重抑制。当下,我国已经建成了世界上较为完整的工业体系,大中城市的发展也进入了提升内涵的转型升级阶段。在这样的工业化和城镇化条件下,再辅以城乡一体化的发展视域,与农村有着天然血缘关系的小城镇自然也会重新受到重视。事实上,重视小城镇发展的城镇化更加符合人类城市文明发展的一般规律,更有利于缩小城乡差别,推进城乡间的一体化发展。比如,目前西方许多城镇化程度较高的国家,都有相当大比重的人口居住在小城镇。以德国为例,根据世界银行统计,2018

年德国的城镇化率约为77.3%，但这么高的城镇化率却没有产生很多的“大都市”①，整个国家城市体系中，人口超过100万的城市仅有柏林、汉堡、慕尼黑和科隆，相反70%以上的人口分散居住在多城市中心所包含的小城镇体系中；在北美一些发达国家，大城市和小城镇之间的生活质量基本没什么差别，反倒是一些小城镇由于环境优美，“社区感、邻里感”更强而备受青睐。这些西方国家的发展经验无疑清楚地表明，小城镇在城镇化体系中的重要作用不容忽视。目前，我国的城镇化率在2019年末已经突破了60%，部分地区的“逆城市化”现象也出现了加速趋势，因此，城镇体系结构的优化，尤其是小城镇的发展自然也应该提前规划布局。

小城镇是我国新型城镇化的重要内容，新型城镇化又是我国城乡一体化的根本途径。循着这样简单直观的逻辑，我们有理由相信，小城镇在我国城乡一体化的进程中绝对是一个值得继续关注，值得深入探讨的研究对象。

### 三、小城镇成为城乡统筹战略重要着力点

自2002年党的十六大首次提出“统筹城乡经济社会发展”的总体方略以来，小城镇及其对应的县域经济发展思路就频频出现在党的重要文件和各级政府工作报告中。如2002年11月，十六大报告指出：“要逐步提高城镇化水平，坚持大中小城市和小城镇协调发展，走中国特色的城镇化道路。发展小城镇要以现有的县城和有条件的建制镇为基础，科学规划，合理布局，同发展乡镇企业和农村服务业结合起来。……引导农村劳动力合理有序流动。”2003年10月，十六届三中全会提出：“要大力发展县域经济，加快城镇化进程……为农民创造更多就业机会。”2004年3月，十届人大二次会议《政府工作报告》提出：“发展农产品加工业等农村非农产业，壮大县域经济。稳步推进城镇化……多渠道扩大农村劳动力转移就业。”2005年10月，十六届五中全会通过《十一五规划建议》提出：“大力发展县域经济……引导富余劳动力向非农产业和城镇有序转移。带动乡镇企业和小城镇发展。”2006年3月，十届人大四次会议《政府工作报告》提出：“大力发展农村二、三产业，特

① 在德国，人口超过50万的城市就被看作“大都市”。

别是农产品加工业,壮大县域经济,推进农村劳动力向非农产业和城镇有序转移。”2007 年 10 月,十七大报告提出:“以促进农民增收为核心,发展乡镇企业,壮大县域经济,多渠道转移农民就业。”由此可见,利用小城镇以及对应县域经济的支撑辐射作用,拓展农村发展空间,促进城乡的均衡发展始终是我国社会发展的重要政策导向。

县域经济既不同于城市经济,也不同于农村经济,而是反映城乡融合发展的一种区域性经济。县域经济往往表现出以区域内的城关镇或若干重点镇为核心,以广大农村为腹地,以乡镇企业为支撑的发展特征。县域经济中的小城镇作为“城之尾、乡之首”往往扮演着中转大中城市辐射,进而改变农村面貌的“前进基地”角色。依托小城镇发展经济,不但有利于就地、就近吸收农业剩余劳动力,有利于支持农业和促进当地农村经济文化发展,更有利于控制大城市规模。从长远看,对缩小城乡差别和工农差别自然也有着重要的意义。

## 第二节　研究目的和意义

### 一、研究目的

2019 年 4 月,中共中央国务院发布了《关于建立健全城乡融合发展体制机制和政策体系的意见》,明确了“以协调推进乡村振兴战略和新型城镇化战略为抓手,以缩小城乡发展差距和居民生活水平差距为目标,以完善产权制度和要素市场化配置为重点,坚决破除体制机制弊端,促进城乡要素自由流动、平等交换和公共资源合理配置,加快形成工农互促、城乡互补、全面融合、共同繁荣的新型工农城乡关系”的发展意见。其中重点强调了以城市群为主体形态促进大中小城市和小城镇协调发展,增强中小城市人口承载力和吸引力。这一意见的颁布事实上再次强调了我国新型城镇化战略以及城乡融合发展战略之间紧密的内在契合关系。

静态的城乡一体化作为城乡融合发展的一种结果性描述,可以通俗地理解为城镇化进程发展到一定阶段后,城乡经济、社会、人文、生态系统之间所达到的一种理想状态，即城乡之间形成的一种相互依托、协调发展、共同繁荣的新型城乡关系。这个状态的实现有赖于高水平城镇化事业的持续推进。目前，我国的新型城镇化事业蓬勃发展，理论日趋成熟与完善，其中尤以各类小城镇的发展理论最为活跃。小城镇作为新型城镇化战略的有机构成部分和自下而上城镇化战略的桥头堡，在推进农村转移人口就地城镇化、消除“浅城镇化”、推动城市文明扩散以及优化城镇自身结构等方面意义重大，小城镇无疑已经成为我国城乡一体化事业高水平深入推进的重要抓手。

本书的研究目标锁定小城镇，研究目的就是在新型城镇化和城乡一体化理论体系的框架下，探索小城镇在推进我国城乡协同发展过程中的重要意义。重点讨论小城镇建设对城乡一体化的作用机理、作用路径以及外在的政策保障。最后围绕国内特色小镇建设等热点问题展开讨论，从而为相关政策的制定和完善提供参考依据。

## 二、研究意义

本书选取城乡一体化框架下的小城镇发展作为研究对象，主要的意义可以归纳为以下两点：

第一，弥补小城镇相关理论研究的不足。目前，我国的小城镇研究理论十分丰富，但许多研究都是围绕小城镇自身问题而展开的，比如专注小城镇产业发展、土地利用、管理效能等问题，缺乏一个全面的、综合性的城乡一体化大视角，因此许多研究成果都具有很大的局限性，缺乏说服力。本书研究的一个重要意义就在于跳出小城镇本身发展问题的视角局限，将小城镇的发展与国家新型城镇化战略、城乡一体化战略统一起来，从一个较为宏观、较为全面的视角展开讨论。其中小城镇的发展历程、小城镇与城市的发展互动、小城镇与乡村的发展互动、小城镇对城乡一体化的作用机理以及小城镇自身发展路径等问题都会涉及，这些内在逻辑紧密联系的整体性讨论将会是现有小城镇研究理论的有益补充。

第二，为小城镇的健康发展提供具体可行的政策建议。以往许多小城镇研究由于视角较为单一，体系比较杂乱，缺乏新型城镇化理论支撑以及城乡融合发展的大视野，因此许多的制度反思比较苍白，给出的政策建议科学性和针对性不足。相反，本书限定了新型城镇化、城乡一体化的理论体系框架，对小城镇发展原则、战略、政策保障等内容的讨论则显得更加系统。此外，在围绕小城镇开展“宏观叙事”式讨论的同时，还以微观切入的方式剖析了几个小城镇成功发展的逻辑，因此书中所推导出的政策建议更加具有针对性和可操作性。

## 第三节　研究思路与创新

### 一、研究思路

围绕小城镇与城乡关系演化发展这一主线，本书研究总体思路利用框图示意的方法进行描述，如图 1 - 1 所示。

研究思路所包含的内容主要体现为以下几个部分，分别对应本书的九个章节：

第一章，研究背景、目的和意义等。新型城镇化与城乡一体化战略相互契合，小城镇是新型城镇化的重要内容，这是研究探索小城镇对城乡融合发展的逻辑思路和立意出发点。结合现阶段党和各级政府所提出的努力发展小城镇，推动农业转移人口就地、就近城镇化，全面放开小城镇落户限制等具体政策措施，提出“小城镇、大战略”的研究思路。该研究立意与现阶段小城镇已成为我国城乡融合发展政策重要基点的总体形势相吻合。

第二章，城乡一体化与新型城镇化相关理论。讨论城乡一体化目标导向下的小城镇发展问题，首先必须对城乡一体化战略理论以及小城镇所属的新型城镇化战略理论展开讨论，从而搭建起小城镇研究的理论背景。在两大理论体系梳理的基础上，将进一步从发展本质、发展政策以及发展路径上的统一性等方面强调新型城镇化与城乡一体化之间的契合理论，从而进一步铺设小城镇研究的政策框架。

第三章，小城镇的内涵、发展历程与现状。小城镇发展在我国的城镇化理论研究过程中，其实存在一定的阶段性和争议性。在改革开放的初期，由于农村经营体制的改革，分布于小城镇的农村工业以及乡镇企业迅速崛起，因而这一阶段小城镇的发展研究受到了普遍重视，但随后很长一段时间，由

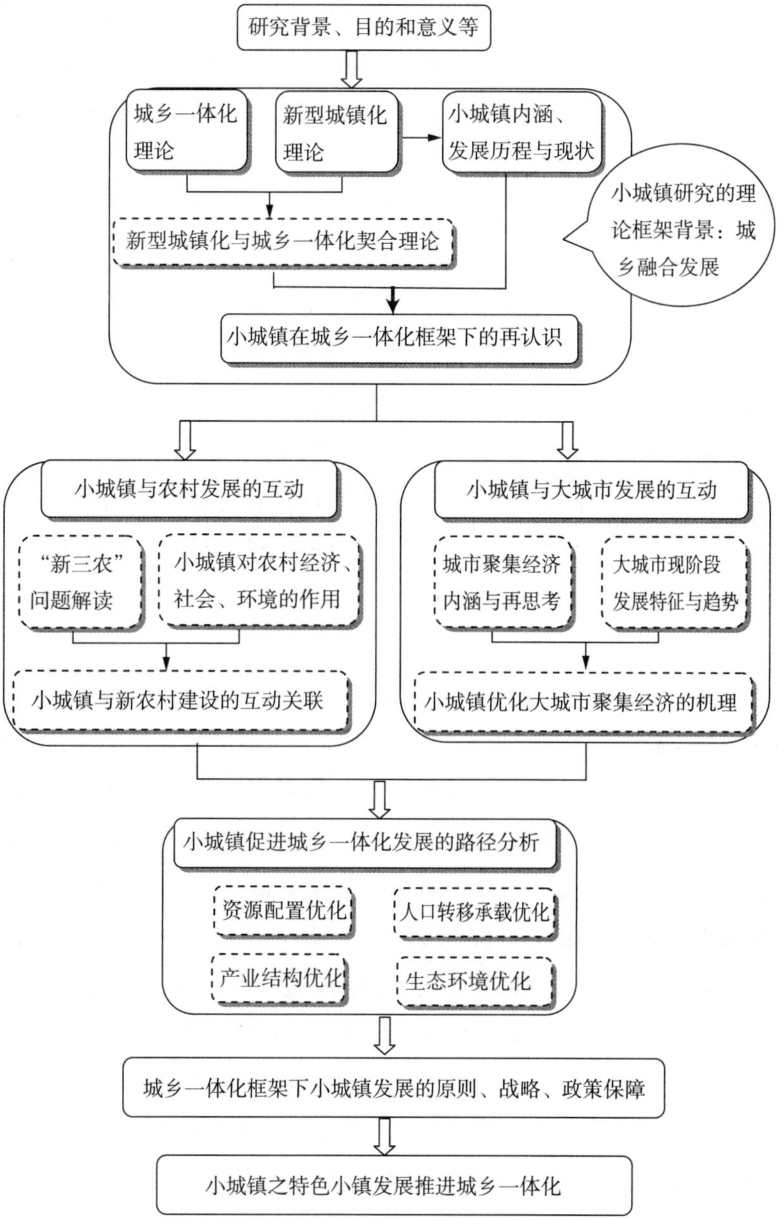


图 1-1 本书研究思路示意图

于我国大城市优先发展战略占据了主导地位，小城镇的系统性研究和发展再次显现出了疲态。随着我国新型城镇化战略的提出，小城镇的发展问题又重新进入了人们的视野。

第四章，小城镇在城乡一体化视角下的再认识。该部分主要是基于小城镇内涵、发展历程等理论基础，以及城乡一体化的框架视角，对小城镇开展再认识讨论。讨论将围绕“城乡一体化空间视角、城乡一体化要素流动视角以及城乡连续统视角”分别展开。

第五章，小城镇与农村发展的互动。从我国新型城镇体系的布局来看，小城镇一头连着城市，一头系着农村，因此它的节点作用十分突出。我们所追求的城乡一体化应该是城市和乡村共同发展基础上的一体化，而不是彼此都停滞不前的低水平的一体化，因此在笼统地分析小城镇在一体化过程中的“双边”桥接作用之前，十分有必要分别讨论一下它与农村和城市的单边互动关系。该部分将在“新三农”问题描述的基础上重点讨论小城镇建设对农村社会、经济的作用机理，以及小城镇与新农村建设之间的互动关联，如小城镇与新农村建设协调发展存在的问题、统筹规划的原则以及两者协调发展的保障机制等。农业发展和乡村旅游业发展对于小城镇发展的反向支撑作用也将涉及。

第六章，小城镇与大城市发展的互动。作为人类文明和经济发展的一种高级形态，城市凭借着产业聚集、交易聚集、人口聚集等聚集经济优势，在经济社会活动中占据着重要的地位。然而随着城市化的不断推进，许多城市的规模也在不断地膨胀。如根据 2014 年《国务院关于调整城市规模划分标准的通知》，我国对城市类型的划分就增加了超大城市这一类别。超大城市的城区常住人口一般在 1000 万以上。大城市规模不断膨胀，人口过度集中，一个显著的影响就是“城市病”的不断显现。由于城市规划和建设盲目向周边“摊大饼”式的扩延，导致交通拥堵、环境恶化、住房紧张、就业困难、市民身心疾病高发。这些人与自然、人与人、精神与物质之间关系的失衡，无疑会导致许多能源与资源的浪费，导致城市生活质量的恶化，甚至城市文明的倒退。其实城市规模的过度膨胀还会引发许多隐性的不利影响，比如城市资源价格不断上涨，不但会提高制造业等工业发展成本，降低其就业承载能力，而且过高的资源价格也会推高房价以及医疗教育等服务价格，从而阻碍城镇化过程中农村转移劳动力“市民化”的进程。

该部分将从城市聚集经济的视角，详细讨论小城镇发展对于大城市的各种积极作用。讨论将以城市聚集经济的内涵阐释和城市聚集结构的再思考为基础，结合现阶段我国大城市发展的特征和趋势，以问题为导向，重点讨论小城镇优化大城市聚集经济的各种内在机理。

第七章，小城镇促进城乡一体化发展的路径分析。如果将第四章《小城镇在城乡一体化视角下的再认识》视为城乡一体化导向下小城镇研究的总领部分，第五章《小城镇与农村发展的互动》和第六章《小城镇与大城市发展的互动》视为小城镇研究的分述部分，那么本章则是一个总结部分，总体的结构遵循"总—分—总"内容安排。该部分将在小城镇与城、乡关系分述的基础上，进一步从城乡总体的视角来探讨小城镇促进城乡一体化的作用路径。具体将从"资源配置优化、人口转移承载优化、产业结构优化、生态环境优化"等方面来具体论述。

第八章，城乡一体化框架下小城镇发展的原则、战略、政策保障。该部分内容将是前面小城镇促进城乡一体化发展作用机理的进一步补充。主要针对现阶段我国小城镇发展的一些现实问题、存在的瓶颈，从发展原则、具体的战略取向以及政府的各项政策保障制度建设等角度展开讨论。比如，在发展战略的选择上，要从新型城镇体系、城市群等视角，充分考虑小城镇的产业经济基础、空间地理位置，选择错位发展战略：对于近郊型小城镇，应该着重强调其与大城市的互动互补、相辅相成、协调共振；对于城乡过渡型小城镇，应该着重强调其发挥交通区位和腹地优势，协同发展；对于外围远郊型小城镇，应该着重强调其特色产业、乡村旅游、特色农产品专业化发展，形成区域增长极。其间将安排两个不同类型小城镇案例，对它们的成功经验开展个性描述和共性归纳，从而为我国其他小城镇的健康、高质量发展提供借鉴和参考。

第九章，小城镇之特色小镇发展推进城乡一体化。该部分将在小城镇推动城乡融合发展机理、路径、政策保障等一般性内容讨论的基础上，进一步聚焦现阶段我国小城镇发展的一个特殊样本——特色小镇，对于它们的发展理论和实践展开讨论。

## 二、研究创新

本书的创新点主要体现为以下几点：

第一，全面梳理城乡一体化与新型城镇化相关理论，着重突出两者在政策导向等方面的内在契合关系,从而为新型城镇化进程中小城镇的研究奠定城乡融合发展的框架背景和目标导向,使得小城镇的理论研究更加系统、更加具有针对性。此外,研究将紧密结合现阶段我国政策领域的一些热点议题,如新农村建设、乡村振兴、特色小镇发展等,从而使得研究更加具有时代特征。

第二,在小城镇的研究中,具体采用"总—分—总"的结构安排。即首先在城乡一体化的框架下展开对小城镇的再认识;然后以"城乡一体化是城市和乡村各自发展基础上的高水平的一体化,而不是彼此都停滞不前的低水平的一体化"作为理论依据,开展小城镇与农村发展、小城镇与大城市发展互动关系的分项讨论;最后在分项讨论的基础上,总结小城镇促进城乡一体化的发展路径、战略以及政策保障。

第三,小城镇在城乡一体化框架下的多重属性认知,以及在城镇化战略中其社区主体属性的重塑等问题都属于创新性研究。这些内容的深入思考拓展了小城镇研究的思路和视野,可以视为"政策解释、为政策合理性寻找依据"等传统理论研究的有益补充。

# 第二章　城乡一体化与新型城镇化理论

从目标导向的视角出发，要探索小城镇发展在推进城乡一体化进程、提高城乡一体化质量中所发挥的作用，以及作用的机理、路径，我们首先必须了解什么是城乡一体化；同时，小城镇属于我国新型城镇化体系的有机组成部分，在不了解新型城镇化内涵的情况下，对小城镇问题的讨论也会显得缺乏依据。因此，在开展具体的小城镇问题讨论之前，本章将对城乡一体化，新型城镇化的内涵、内容和表现形式等进行一个简单的梳理与归纳，从而为后续各章的深入研究提供理论依据。

## 第一节　城乡一体化理论

城乡一体化是一个内涵与外延都十分丰富的概念，它涉及城乡人口、资本、土地、资源等要素的合理流动，蕴含城乡经济、社会、文化、生态、空间等各个层面的协调。正是由于这种系统性、复杂性的存在，因此它一直是理论研究的一个热点，更是许多政策思辨的对象。在内涵明确之前，城乡一体化可以简单理解为对城市和乡村两个主体关系的一种描述，因此有必要先梳理一下城乡关系的有关理论。

### 一、城乡关系理论

#### (一)马克思、恩格斯的城乡关系理论

在较早描述城乡经济社会关系发展演变的诸多理论中，马克思、恩格斯的有关论述十分典型。反映其城乡关系理论的观点主要体现在对以下几个

问题的回答。

第一，城乡为什么会分离？马克思、恩格斯认为社会分工的出现是城乡分离最根本的原因。伴随着生产力水平的不断提高，社会分工专业化水平越来越高，社会分工的出现和深化促进了商品经济的发展，而商品经济和商品交换使得城市和农村的职能开始分离，推动了城市的产生和发展。这一过程正如马克思在《资本论》中的论述："一切发达的、以商品交换为媒介的分工的基础，都是城乡的分离。"

第二，城乡分离的后果是什么？关于这个问题的答案，马克思和恩格斯的论述包含两个方面：一是分离导致城乡差距，二是分离推动了文明。一方面，城市通过它的垄断价格、它的赋税制度、它的行会、它的直接商业诈骗和它的高利贷在经济上剥削农村，从而使城市统治农村、剥削农村，使得城乡差距不断拉大；另一方面，城乡分离所产生的城市，尤其是工业化时代的城市在社会进步中扮演着重要的角色。他们认为，文明时代的一个基本特征就是"把城市和乡村的对立作为整个社会分工的基础固定下来"，并进一步指出，没有大工业的发展就没有大城市的出现，没有大城市的科技文化推动，就没有近代文明。

第三，城乡关系的发展历程和趋势是什么？马克思、恩格斯认为城乡关系的总体趋势是由分离到融合，即总体上经历三个阶段。第一阶段：城乡分立阶段。即伴随着社会分工发展，城市诞生于农村的阶段，这一时期城市和农村开始"分立"，乡村是城市的载体，乡村在社会中占主导地位。第二阶段：城乡分离阶段。即工业革命以后，工业化和城市化的加快使得城市成为经济发展的中心，农村成为城市剥削的对象，城乡差距不断拉大，城乡"分离"和城乡"对立"开始出现，城市在社会中占主导地位。第三阶段：城乡融合阶段。即随着城市化的不断发展，城市与乡村间的依存度不断加强，城乡之间逐步走向融合。正如恩格斯所指出的"要使现存的城市和乡村逐步演化为既有城市的一些特征，又有乡村的一些特征的新实体"。

第四，如何实现城乡的融合发展？按照马克思和恩格斯的论述，消灭城乡对立，实现城乡融合必须具备两个客观条件。一是生产力尤其是工业生产力的进一步发展。正如他们所描述的那样，城市和乡村对立的消灭已经成为工业生产本身的直接必需，同样它也已经成为农业生产和公共卫生事业的必需。只有通过城市和乡村的融合，空气、水和土地的污染问题才能得到改善；只有通过这种融合，才能使目前城市中的粪便用于促进植物的生长。从大工业在全国尽可能均衡的分布是消灭城市和乡村分离的条件这方面来说，消灭城市和乡村的分离也不是空想。二是消灭资本主义私有制，建立社会主义制度。只有在社会主义制度下，才能改变城乡之间的剥削与被剥削、统治与被统治的关系，合理配置资源人口，加强城乡间的有机联系，实现城乡间的均衡发展。

### (二)城乡关系的偏向以及均衡理论

当然，城乡关系的研究更是西方经济学关注的一个焦点。围绕该议题，西方经济学的各大流派大体形成了三类不同的理论观点。其中两类非均衡发展观点相互对立，即"城市(工业)偏向"和"农村(农业)偏向"，另一种观点则主张均衡发展，即"城市与农村(工业与农业)平衡和一体化"。

#### 1. 主张"城市(工业)偏向"的非均衡发展理论

"城市(工业)偏向"发展主张将城市及其对应的工业视为国家发展的重心，围绕城市和工业发展所需进行各类经济资源的配置，进而利用城市辐射来带动农村发展。其中具有代表性的当数威廉·阿瑟·刘易斯(William Arthur Lewis)的二元经济理论、阿尔伯特·赫希曼(Albert Otto Hirschman)的"极化-涓滴效应"理论以及弗郎索瓦·佩鲁(Francois Perroux)的增长极理论。

(1)刘易斯的二元经济理论

通过《劳动无限供给条件下的经济发展》一文，刘易斯于1954年提出了一个"二元经济"的概念及模型。他认为发展中国家普遍存在两个分化的、性质完全不同的经济部门：一个是现代化部门，即以现代化生产方式为主要特征的工业化部门，主要布局在城市；一个是传统部门，即以传统生产方式为主要特征的农业部门，主要布局在农村。这两个部门在劳动生产率、工资水平、生产规模、生产方式、生产效率、收入水平等各方面存在差异。其中，现代部门在工资水平、劳动效率等方面要远远高于传统部门，同时由于传统部门中存在大量的边际生产率为零的剩余劳动力，故其劳动力的供给弹性是无限的，因此能为现代部门提供源源不断的转移劳动力。这种农业剩余劳动力的非农化转移能够逐渐消减二元经济结构的强度。换言之，二元经济理论的核心问题就是传统部门剩余劳动力向现代部门的转移问题,即农村剩余劳动力向城市的转移。要实现这一目标,就要大力发展城市、发展工业,从而吸收更多的农民到工业部门就业。所以,二元经济理论具有强烈的“工业主导”特征,忽视农业自身发展。

(2)赫希曼的“极化-涓滴效应”理论

“极化-涓滴效应”学说最早出现在发展经济学家赫希曼《不发达国家中的投资政策与“二元性”》一书中。该理论认为,如果一个国家的经济增长率先在一个地区发力,那么该地区势必会对周边后发展地区产生作用和影响,即类似于发达地区对不发达地区的影响。这种区域间的不平衡发展会产生“极化”和“涓滴”两种效应。在区域经济发展的初期,由于极化效应大于涓滴效应,从而使得经济较为发达的地区占据优势,但随着发达地区的经济增长由于人口拥挤或者环境问题而出现较多制约时,国家就会出面干预,强化发达地区的“涓滴”效应,从而促进欠发达地区的发展,同时满足发达地区经济继续发展的需求。二元经济结构中所对应的城市和乡村与该理论中的发达与不发达地区极为类似,因此城乡间的“极化-涓滴”效应普遍存在。其中“极化”效应表现为城市以较高的工资和利润不断吸引农村的人才、资本、土地等经济要素,使得乡村发展受到压制,所以该效应造成了城乡在发展能力方面的差异,进而引发了城乡差距;“涓滴”效应则表现为城市尤其是城市产业在自身发展壮大后由于受到空间和环境等因素约束,会被迫向外转移,即会对周边的农村区域产生辐射作用。如带动农产品的销售、农业投资的增加,进而推动农业生产效率的提高,所以该效应有利于缓解城乡间生产能力的两极分化,从而缩小城乡差距。“极化-涓滴效应”学说的本质内涵是“区域经济增长类似于一种不平衡状态所诱发的连锁演变过程,城市和乡村作为区域的两个基本单元,在发展过程中存在类似的演变”。与其类似的还有冈纳·缪尔达尔的“扩散效应和回波效应”理论。该理论同样利用了动态非均衡和结构主义的分析方法阐释了城市对周边农村发展所产生的抑制与促进作用。

(3)佩鲁的“增长极”理论

新古典经济增长理论认为发展中国家应该寻求各工业部门的平衡发展,分散、孤立的点状投资难以对经济增长产生有效的推动。但佩鲁则认为,所有地区均匀增长的案例在各国的经济发展史中都难以找到对应的佐证,相反,区域间不对称的增长现象则普遍存在,于是在其1955年撰写的《增长极概念的解释》一文中正式提出了“增长极”的概念,并在1961年出版的《二十世纪的经济》一书中对增长极理论进行了全面阐释。该理论认为经济增长并不是均匀发生的,而是在不同地区、不同部门以及不同产业之间有着不同的速度。该理论基于区域发展不平衡这一前提,主张优先发展具有较高经济区位、对其他地区或部门具有支配效应的经济单元,进而辐射带动整个国民经济的增长。具体措施就是将有限的经济要素资源投向那些投资效益比较高的经济部门或者地区,也就是所谓的经济增长极,进而依托增长极的发展带动整个地区经济和社会的发展。依据该理论观点,一些大中城市应该成为一个地区的生产、金融以及贸易中心,因为它们能在极化效应的作用下吸引周边区域经济资源、实现规模经济和集聚经济优势;同时,在自身发展壮大的基础上,利用扩散效应带动周边农村发展。

2. 主张“农村(农业)偏向”的非均衡发展理论

主张“农村(农业)偏向”的非均衡发展理论的重要特点是强调农业部门的基础性地位,认为农业是现代部门发展的基础,二元结构转化应以农业发展为根本。主张在二元经济向一元经济演化的过程中重视农业部门的主动发展。理论体系中以西奥多·舒尔茨(Theodore W. Schultz)的传统农业改造论、戴尔·乔根森(Dale W. Jogenson)理论以及施特尔与托德林(Sthr and Tdling)的“选择性空间封闭(Selective Spatial Closure)”理论最为典型。

(1)舒尔茨的传统农业改造理论

舒尔茨反对轻视农业的看法,强调了现代农业对于经济增长的不可忽视的作用。他主张在一国工业化的进程中要重视传统农业的改造尤其是要重视该部门中人力资源的开发。依托《改造传统农业》一书所提出的“收入流价格”理论,他对农业进行了三个大类的划分:传统农业、过渡农业、现代农业。传统农业中由于创造收入流的生产要素价格偏高,因此资本收益率较低。传统农业的改造至关重要,只有通过现代生产要素的引入,即对农民进行人力资本投资,提高他们的文化素质和工作能力,引导他们使用新的生产要素,如机械、技术等,并且替代土地、劳动力等传统生产要素,传统农业才能转变为现代农业,进而促进农业中剩余劳动力顺利转移到城市非农产业部门，最终更好地服务于一国工业化。

(2)乔根森理论

在对刘易斯二元经济理论继承和批判的基础上，乔根森于20世纪60年代后期围绕农业剩余劳动力的讨论提出了乔根森模型。改进后的模型试图在一个纯粹新古典主义框架内探讨工业部门的增长是如何依赖于农业部门的发展的。其主要思想可以表达为以下三点：第一，一国经济包含现代工业部门与传统农业部门两个部分，传统农业部门是一国经济的主体，它所产生的农业剩余为工业部门的发展壮大奠定了基础。第二，农业剩余是工业部门产生、增长的前提条件和规模限度。没有农业剩余存在时，就没有劳动力的城乡转移；劳动剩余一旦出现就促使农业劳动力向工业部门转移，工业部门就开始增长；农业剩余越大，农业劳动力向工业部门转移的规模越大。第三，农业剩余出现之前，劳动力都从事农业生产，此时任何从农业中出去的劳动力都具有正的边际产出，在转移过程中，农业部门总产出会受到影响，工业发展会以牺牲农业产出为代价，由此可见，现代部门发展的先决条件是农业剩余。

(3)“选择性空间封闭”发展理论

由于许多发展中国家依据所谓的“自上而下”的发展战略所制订的各项发展计划并未在实践中收到预期的好的效果，因此，在20世纪70年代初，以奥地利经济学家施特尔和托德林等为代表的一些学者就提出了“自下而上”的区域发展理论和实施方案。其中比较有代表性的有“综合区域发展计划(Integrated Regional Development Planning)”和“地域发展方法(Territorial Development Approach)”。两种理论都主张控制城市中心区域的过度增长，鼓励较为平衡的区域发展结构以及城镇体系，尤其是乡村的发展。其中“综合区域发展计划”尤其强调要推进农村发展中的农产品商品化，重视乡村集镇以及中小城市的发展；“地域发展方法”理论则强调乡村集镇的发展要充分调动和利用本地资源，如充足的劳动力资源、自然生态资源，从而满足当地居民的生产发展所需，同时要适当切断与区域外部的联系，以抵御中心区的控制。这些理论综合在一起就构成了所谓的“选择性空间封闭”理论。这种“自下而上”的区域发展理论由于仍然局限于城乡二元化的思维方式，沿袭将乡村等同于农业、将城市等同于工业的思维模式，否定可能导致城乡间发展不平衡现象加剧的乡村与国民经济之间的任何沟通和联系，因此其理论号召力受到了很大的影响，自 20 世纪 80 年代以后就逐渐被摒弃，但该理论中所提出的重视农业发展，以及避免“自上而下”发展模式中常常出现的“城市侵入农村、城市掠夺农村、农村不断贫困”等现象的思想，对于探索城乡关系仍然具有一定的积极意义。

3. 主张“城市与农村（工业与农业）平衡和一体化”的均衡发展理论

“城市与农村（工业与农业）平衡和一体化”的均衡发展理论体系反对用割裂的眼光看待城市和农村，反对偏向任何一方，同时主张两者间的协调发展。其中代表性的理论主要有古斯塔夫·拉尼斯（Gustav Ranis）和费景汉（John C. H. Fei）共同提出的改进后的二元经济理论、埃比尼泽·霍华德（Ebenezer Howard）的田园城市理论、伊利尔·沙里宁（Eliel Saarinen）的有机疏散理论（Theory of Organic Decentralization）以及朗迪勒里（Rondinelli）的“次级城市发展战略”理论。

（1）拉尼斯-费景汉的二元经济理论

在对刘易斯二元经济理论补充修改的基础上，拉尼斯和费景汉在其 1964 年出版的《劳动剩余经济的发展》一书中提出了著名的拉尼斯-费景汉二元经济结构理论，简称为“拉-费模型（Ranis - Fei model）”。该模型同样借助农业剩余，探讨了现代部门与传统部门之间的发展关系，强调了传统经济向现代经济转化中，农业剩余对工业部门扩张的重大意义。该理论指出农业劳动生产率的提高以及由此产生的农业剩余是工业部门壮大的前提和基础。也就是说，要使得刘易斯所描述的二元经济结构向一元经济结构的转变过程能够不断发展，不出现终止的情况，则要求农业伴随工业一起增长，并且其增长速度能满足非农劳动力对农产品的需求消费。换言之，工业以及农业部门的平衡发展是二元结构转化为一元结构的关键。

（2）霍华德的田园城市理论

田园城市理论是较早论述城乡一体化发展思想的西方经济学说理论之一。在 1902 年出版的《明日的田园城市》一书中，霍华德倡导“用城乡一体的新社会结构形态来取代城乡对立的旧社会形态”。该理论以解决大城市的扩张而带来的噪音、污染等社会问题为出发点，主张从城乡协调的角度重新阐释城市。该理论的核心是对“田园城市”的设想和规划。霍华德认为田园城市应该是城市和乡村的一种结合体，是为健康、生活以及产业而设计的城市，它同时兼备城市和乡村的优点。田园城市构想中，城市规模不超过实际社会生活的需要，其四周被农地所围绕。在城市中的居民能就近获得新鲜的农产品供给，农产品销售也能得益于最近的市场。城市的规模适中，既能提供丰富的经济、文化、生活资源，也能保证城市中的居民能通过乡村尽可能地接近自然。霍华德主张农业与工业联姻，农村与城市联姻。正如书中他所描述的“城市和乡村都各有其优点和缺点，而‘城市-乡村’则避免了二者的缺点，城市和乡村必须成婚，这种愉快的结合将迸发出新的希望、新的生活、新的文明”。田园城市理论虽然具有很强的乌托邦色彩，但它所提出的城乡和谐发展理念对于城市和社会发展仍然具有很强的借鉴意义。

(3)沙里宁的有机疏散理论

面对大城市过度膨胀所带来的发展制约问题，霍华德和勒·柯布西埃分别提出了“田园城市”以及“城市自改造”理论。即前者主张将人口进行分散，后者则倾向于人口的高度集中，同时利用先进的工业技术来发展和改造大城市。对于这两种截然相左的思想，芬兰建筑师沙里宁则给出了一种处于中间态的思路，即有机疏散理论。在该理论中，沙里宁对城市过度集中而产生的系列弊病进行了系统分析，在此基础上提出了城市发展及布局结构的想法。他在著作《城市：它的发展、衰败和未来》一书中，详细讨论了城市发展思想、社会经济状况、土地问题、立法要求、城市居民的参与和教育、城市设计等方面的内容，并提出了有机疏散理论。在其城市规划思想中，他认为新城区的发展是一步步逐渐离散的，新城的设立不是跳离母城，而是进行着有机的分离运动。城市的所有功能不能完全都集中在城市中心区，而应该实现有机疏散，多中心发展，多功能布局。对应到具体方案中就是将原来密集的城区分成一个一个的集镇，郊区的卫星城、集镇之间用保护性的绿化地带联系起来，并使各个城镇之间既有联系又有所隔离，同时在各个区域创造就业与居住的平衡，这样能有效减轻交通负担，提高城镇居民的生活质量。从区域平衡发展的角度看，有机疏散后的由中心城、卫星城、集镇等组成的有机体其实就是一个城乡差距较小的城乡区域均质体。在 1918 年芬兰的“大赫尔辛基方案”中，沙里宁的这一理论得到了充分的运用。

(4)朗迪勒里的“次级城市发展战略”

在充分认识了20世纪七八十年代两种城乡发展道路，即要么一味地强调城市、工业核心地位，要么过度放大农村发展地位的局限后，朗迪勒里提出了“次级城市发展战略”。他认为，城市的规模等级是决定发展政策成功与否的关键。该理论的核心是主张建立一个完整的、分散的、规模等级相互契合的城市体系。一个国家的发展政策是否能取得成功，一个很重要的关键因素是城市规模等级大小的确立。发展中国家要想实现区域和社会的全面发展就必须在城镇化的过程中有意识地分散投资，形成一个大、中、小城市协同发展的城市体系，即所谓的“次级城市体系”。在这个过程中，要重视大、中、小城市以及农村各层级之间的相互沟通和联系，尤其是小城市和农村区域的联系，并以此来承载城乡间经济活动、行政管理活动的相互交流和互动。同时，要强调这种“自上而下”的发展模式，必须考虑在政治上给予农村地区更高程度的经济自主权、价格体系调控权，使之有利于农业生产潜能的释放、农业生产效率的提升。要完善城乡之间以及农村地区的交通、通信网络等基础设施建设，并鼓励农村经济活动的外向型发展策略。这种观点与我国费孝通先生利用小城镇发展融合城乡的部分观点高度吻合，即认为农村小城镇的出现，农村乡镇企业的发展，可以在城市和农村之间布下经济发展的棋子，逐步形成城市与农村之间相互交流的节点。这种以大城市为中心，以中小城镇为节点，在城市与乡村之间形成资源要素双向流动的网络系统是城乡经济社会良性互动的基石。

梳理国外学者关于城乡关系和城乡一体化演进的各种理论，不难看出，“城市(工业)偏向”的非均衡发展观点虽然在一定的历史时期占据了主流思潮，但“城市与农村平衡和一体化”的均衡发展理论无疑已经成为各国专家学者的共识。农业生产效率的不断提高、农村剩余劳动力的有序转移、农村生态环境的保全、农村社区以及人农村视阈下的小城镇的合理布局和发展，无不是城乡一体化实现的前提和重要影响因素。尤其是城镇体系结构和产业功能的优化，小城镇与农村的交流、互动，小城镇与大中城市的互联互通更是城乡一体化发展的核心内容。

## 二、城乡一体化内涵

在了解了城乡“分立、分离、融合”的基本关系演变规律以后，我们对城乡一体化的理解就会更加全面和完善。城乡一体化在许多城乡统筹发展的主题研究中又常被称为城乡经济社会一体化。这种提法的缘由和目的很明确，就是使这一概念不但涵盖城乡间人口、土地、资源等经济要素的合理流动，同时也要能体现城乡在社会、公共事业、文化、生态等方面的多维协调和发展，因此也造就了该理论内涵研究中百家争鸣、百花齐放的局面。

### (一)城乡一体化定义与内容

1. 城乡一体化的定义

到目前为止，学术界关于城乡一体化的定义仍众说纷纭，其中一个很重要的原因就是城乡一体化从不同的视角去看就会有不同的核心特征。如经济学家认为，城乡一体化就是指生产力达到一定水平后，通过统筹城乡产业结构布局，推动城乡经济要素合理流动，实现城乡生产力协调发展；社会学者们则强调城乡一体化是指在统筹城乡保障体系、弥合城乡福利鸿沟的基础上，实现城乡社会文化事业的协调发展；环境学家们则认为城乡一体化的发展必须基于自然生态过程的和谐发展，形成城乡生态、环境的和谐共生；政治学家们则如此描述城乡一体化，即要把工业与农业、城市与乡村、城镇居民与农村居民作为一个整体，统筹谋划、综合研究，通过体制改革和政策调整，促进城乡在规划建设、产业发展、市场信息、政策措施、生态环境保护、社会事业发展等方面的一体化，改变长期形成的城乡二元经济结构，实现城乡在政策上的平等、国民待遇上的一致，使整个城乡经济社会全面、协调、可持续发展。

当然，更多的学者在描述其定义时则兼顾了一体化的许多特征。如应雄(2002)认为，城乡一体化是指在大力发展生产力的过程中，促进农村人口城市化，逐步缩小城乡差别，实现城乡经济、社会、环境的和谐发展，使城乡共享现代文明。洪银兴、陈雯(2003)认为，从融合的角度来看城乡一体化，是指城市与乡村两个不同特质的经济社会单元和人类聚落空间，在一个相互依存的区域范围内结为一体，谋求融合发展、协调共生、共同繁荣的过程。

2. 城乡一体化的主要内容和目标导向

综合学术界的观点，城乡一体化的内容较广，涵盖城乡经济、社会文化、生态环境等各个层面。如杨玲(2005)认为，城乡一体化主要包括经济、社会、生态、文化、空间、制度等八个要素，其中每种要素又包含许多反映城乡协调发展的具体内容，如经济要素就表现为城乡产业一体化、资源配置的一体化以及市场的一体化。万艳华(2002)认为，我国城乡一体化的目标体系包括城乡空间布局的高度融合、城乡功能结构的高度互补、城乡生态环境的高度协调、城乡基础设施的高度共享、城乡人口流动的高度顺畅、城乡政治文化的平等、城乡生活水平的共同提高等内容。洪银兴、陈雯(2003)认为，城乡一体化应该包含体制一体化、城镇城市化、产业结构一体化、农业企业化和农民市民化等内涵。周江燕、白永秀(2014)认为，城乡一体化可以外延为经济一体化、空间一体化、社会一体化和环境一体化四个维度，其中，城乡经济一体化又可以进一步从城乡经济总量、城乡产业和就业结构、城乡居民收入和消费等多个方面来评价。

当然，城乡一体化的内容过于庞杂，既有客观的经济发展内容，也有主观的文化、观念融合，因此在很多的相关研究中，学者们往往趋向于围绕城乡经济关系这一核心来展开，再在重点突出的基础上，追求内容描述的系统完整。这种研究方式具有很强的科学性。恰如马克思在《资本论》中的“经济基础决定上层建筑”的著名论断，城乡一体化的关键和基础是城乡经济的一体化①。抓住了城乡间经济关系的发展规律和内容，城乡一体化其他内容就迎刃而解。在本书后续章节的论述中，也将采用城乡经济关系作为城乡一体化的研究主线，兼顾城乡生态文明、社会文化的研究方式。

纵观城乡一体化的诸多定义以及众多的内容描述，不难看出，城乡一体化的最终目标是实现城乡的融合。这一城乡互动的发展过程，应该是双向的而不是单向的。在城乡发展统筹过程中，应该校正“城市偏向”和“农村偏

① 本书中“经济”是一个广义的概念，涉及除意识形态以外人们生产、生活的方方面面，所以城乡经济一体化可以描述为：“一个国家或者地区在生产力水平达到一定阶段后，在客观经济规律指引下，在促进城乡要素合理流动的基础上，逐步实现城乡产业结构合理、空间布局优化、城乡经济环境公平开放、城乡居民共享经济发展成果的动态发展过程。”

向”的错误,应将城市与乡村有机结合起来,实施城乡互补的发展战略。要使城乡经济互相支持,共同发展,城乡社会相互协调,共同繁荣,避免城市问题突出、乡村衰落的局面出现。另外,需要强调的是,根据马克思的城乡理论,我们要消灭的是城乡对立而不是城乡差别。恩格斯也曾指出,实现城乡融合,消灭的是工农之间的阶级差别和城乡之间人口分布不均衡的差别。在城乡融合的漫长过程中,部分城乡差别会在城市化和城乡一体化进程中被消灭,而有一部分城乡差别是难以消灭的,即使旧的差别被消灭了,新的差别也会随之产生。诸如景观差别、信仰差别、生活习俗差别等是永远存在的。简而言之,城乡的“一体化”绝不是城乡的“一样化”,在确保基本公共服务均等化、城乡体制机制一体化和生活质量同质化的前体下,城乡发展必须实现差异化。比如,农村作为农业和生态空间,主要提供农产品和生态产品,为城市居民提供生态休闲空间,自然应当呈现一幅山清水秀、村容整洁、乡风文明、生活富裕的美丽乡村景象;城市作为地区经济、政治、文化的中心,应当表现为工业、服务业高度发达,人口、资本等产业要素高度聚集,交通便捷。城乡融合不应以消除城乡差别为目标,其立足点应该放在城乡协调、互动发展上。

### (二)城乡一体化静态与动态视角下的理解

从上述城乡一体化定义描述不难看出,一体化不仅包括依据一定的城乡关系发展规律,主动促进城乡间人口、产业、资源、文化等要素相互交流的政策行动和过程,也包括这一主动过程所带来的结果,即城乡间经济、社会、环境的和谐发展、文明共享。因此,城乡一体化可以从动态过程和静态结果两个视角进行理解。此处以城乡一体化的核心——城乡经济一体化为例加以说明。

#### 1. 动态过程视角下的城乡经济一体化

如果将城乡经济一体化视为一个过程,那么这个过程主要体现为经济要素在城乡间合理流动以及与之伴生的产业部门结构的演化。

按照要素形态的不同,城乡间要素的交换主要有人口、商品服务、废弃物三种。

第一,人口要素的流动。Gugler(2002)认为:“发展中国家居民普遍掌握了一项重要的生存技能,那就是迁移。这种迁移(本质为人口要素在不同地区间的流动）可以塑造社会关系和家庭关系。”这点在我国表现得尤为突出。我国大量的农村人口频繁地在城市和农村之间迁移，他们一部分时间从事农业活动，另一部分时间在城市短暂务工。这个被称为“农民工”的群体利用城市务工收入和农村务农收入为其家庭提供了生活供养和保障。这种以劳动力流动为特征的经济活动是我国城乡经济互动的重要内容之一。一般情况下，城乡经济互动中人口要素的流动应该是双向的：一方面是人口由农村向城市迁移；另一方面是人口由城市向农村迁移。由于现阶段我国工业化、城镇化仍处于中等水平，城市相比农村能提供更好的就业机会和生活条件，加之农业规模化、现代化发展要求转移过剩的劳动力，因此人口由农村向城市的转移是目前我国城乡经济关系的主要特征。

第二，商品服务要素的流动。商品和服务流动是城乡经济关系沟通的另一个重要渠道。如中心地理论就围绕商品、服务要素的等级以及流向描述了村庄和城市在经济上的互动轨迹。该理论认为，相对农村而言，城市是各类高端服务的供给方，如好的医疗条件、好的教育环境。农村区域反过来则为城市提供农产品和其他一些低端服务。商品和服务要素在城乡间的流动一方面使得农村人口能够接受城市的辐射，获得享受城市生活的机会，如便捷的通讯、丰富的娱乐活动等。另一方面，城市获得了来自农村的源源不断的农产品供给和低端服务支持，因此也能促进自身的发展壮大。此外，除了向城市提供农产品以外，一些农村地区由于拥有优美的自然环境，或者悠久的历史文化遗留，从而成了城市居民旅游休闲的目的地。这样的农村凭借自身得天独厚的资源优势，创造了可观的非农就业机会，极大提高了当地农村居民的收入水平，从而使得这些地方成了沟通农业与高端旅游服务业的桥梁，进而成为连接乡村和城市的重要纽带。从这个角度来看，农村只是农产品和低端服务提供者的传统理论以及据此而制定的发展模式、政策等值得商榷。农村凭借优良的生态、人文环境完全可以成为高端商品和服务的提供者。

第三，废弃物的流动。废弃物作为经济发展过程中不可避免的副产品，可以视为负的经济要素，它在城乡间的流动也深刻影响着城乡经济关系的均衡。城市在发展过程中不可避免地会产生大量的有毒废物排放，这些废物如果处置不当会严重威胁土地、河流等自然资源，而这些资源则正是农业尤其是绿色生态农业发展壮大的基础，因此通过废弃物的流动，城市经济对农村经济的损害则有可能发生。对此，许多学者已经予以证实，如Satterthwaite(1997)就曾提出，“城市工业部门，如火电站、冶炼厂以及数以万计的机动车辆所排放的废气最终会诱发酸雨的形成，破坏土壤以及河流生态系统，进而损害严重依赖这些自然资源的农业、畜牧业以及渔业”。除此之外，由于发展中国家在环境治理方面还存在较为严重的城乡分割问题，即城市环境监督管理严格，违法成本高；农村环境监督管理相对薄弱，违法成本低，因此污染有从城市向农村转移和蔓延的态势。当然，由于废弃物的流动具有海陆空的跨媒介和跨部门性质，因此农业发展过程中由于过度使用化肥、杀虫剂和焚烧秸秆等所造成的面源污染也会对城市的环境和经济生活产生一定的影响。

上述各种经济要素的流动往往与产业发展演变密切相关。其中，农业部门与非农部门之间比例关系的变动最为典型。大量的人口由于产业效率和期望收入差距的原因从农业部门流向非农业部门，是城乡经济互动过程中最典型的特征之一。城市由于拥有完善的基础设施和发达的信息网络，因此还是商品和服务重点聚集的目的地。城乡经济随着它们之间要素的交换和流动，逐渐呈现出二、三产业不断壮大，第一产业相对比重不断缩小的局面。

一般来说，由于对生产环境以及资源依赖的不同，农业主要分布在农村，二、三产业主要集中在城市。然而产业间的联系和沟通是一个复杂的网络系统，并没有严格的地理界限之分，因此现代城市和乡村所包含的产业关系早已不能用简单的“工业对应城市、农业对应农村”的方法来描述。产业在地区间的交融与要素在城乡间的交换已经形成了一个相互影响的互动体系。如农产品加工以及电子商务等非农产业在农村的壮大，都市农业在城市的兴起都已经成为普遍的产业特征。尤其是前者，它对于改善我国长期割裂的城乡经济关系具有重要的意义。涉农、非农产业在农村地区的发展壮大不但能有效增加本地就业机会，实现农民收入渠道多元化，而且还能为农业产业化、现代化发展创造有利条件。

2. 静态结果视角下的城乡经济一体化

静态结果视角下的城乡经济一体化本质上是对上述动态过程所进行的

一种阶段性评价。比如，城乡间人口、商品等要素流动的现状如何？城乡各产业部门动态变迁的结果怎样？这些要素交换和部门的动态变迁是否实现了城乡经济协同互补、城乡人民共享社会发展成果的最终目标？这些客观的结果和疑问只能通过特定时间截面的外显指标来予以测度和衡量，如某一年份的“城乡收入差距、城市化率”等，这些指标能从不同的视角反映城乡经济互动交流的直接和间接结果，即城乡经济一体化的现实水平。目前，国内许多学者围绕城乡一体化在经济领域所开展的测度研究、地区差异性研究，其实就是从静态的结果出发来分析和评价动态的过程，虽然某些理论研究中静态视角的城乡差异性指标可能会存在一定的片面性，但在一定时期观察其动态变化，仍然能较好地反映出城乡间生产、生活的变动和协调情况。

## 第二节　新型城镇化理论

### 一、城镇化的内涵

作为人类社会发展过程中一项最富活力的经济社会活动，城镇化在各个国家都受到了广泛关注。依据城镇化的基本特征，18 世纪后期开始的工业革命可以视为世界现代城镇化的发展开端，距今已经有 270 年的历史。“城镇化”在某些研究语境和政策表述中常被称为“城市化”[①]。这一过程贯穿了人类社会工业化与现代化的整个历程，也是人类社会发展的必然趋势。那么究竟什么是城镇化呢？对此，不同的学者依据不同的学科从不同的视角有不同的解释。在此，仅从经济、社会、空间等角度做一个概要式的描述：城镇化是指人口向城镇聚集、城镇规模扩大以及由此引起的一系列经济社

① 关于“城市化”与“城镇化”的表述，在英文中没有差异，均为 urbanization。在中国的学界和政界则存在一个由完全对立到趋于一致的认识过程。两种表述的一字之差通常反映了对城市化道路的两种认识。在争论阶段中，持“城镇化”观点的人认为，中国特色的城市化道路是以小城镇为主的道路；持“城市化”观点的人则认为，中国的城市化道路要以“城市”为主，小城镇不能成为支撑中国城市化和现代化的主要空间载体。目前，主流观点认为其内涵已经无本质差异，都是指中国城市化要走一条符合中国国情的、以城市群为主要空间载体，大中小城市和小城镇协调发展的道路。

会变化的过程。其实质是经济结构、社会结构和空间结构的变迁。从经济结构变迁来看,城镇化过程是农业活动逐步向非农业活动转化和产业结构升级的过程;从社会结构变迁来看,城镇化是农业人口逐步转变为城镇人口以及城镇文化、生活方式和价值观念向农村扩散的过程;从空间结构变迁来看,城镇化是各种生产要素和产业活动向城镇地区聚集以及聚集后的再分散过程。城镇化过程常常外显为人口职业的转变、产业结构的转变、土地及地域空间的变化等。

## 二、城镇化战略几种观点

从世界范围看,城镇化在不同国家发展是不平衡的,主要表现为发展水平、发展模式和动力机制不尽相同。比如,目前发达国家多以中小城镇为主,大城市数量少,小城镇数量多并且发展质量普遍较高。而大部分的发展中国家则表现为大城市数量多、规模大、膨胀快,而小城镇发展普遍落后。这种发展格局其实与长久以来各国在城镇化战略选择上的分歧不无关系,即究竟应该是优先发展大城市,还是优先发展小城镇。对此,理论界也是争论不休,比如基于田园城市发展的理念,美国的《新闻周刊》在1994年5月刊载了一篇题为《糟糕透顶的工厂》的文章来形容和批评亚洲的大城市。但在1998年5月,美国的《商业周刊》则又刊出一篇观点截然相反的文章——《大城市更加光辉》来推崇和颂扬大城市的价值。该文指出,随着全球化进程的推进,各国的大城市作为全球经济的重要领域和网络城市节点,定然会集中更多的资源和经济总量,吸引更多的资金和政策的关注。由此可见,其实人类始终在大城市的经济效益和小城镇的生态环境之间进行着艰难的抉择。

新中国成立以来,在城镇化战略方面其实也一样存在着类似的两难选择。总体来说,大致存在以下三种观点:

第一,主张小城镇道路。该观点认为中国人口数量巨大,农民人数比任何一个国家都多,现有的大城市没有足够的容纳能力接收大量的农民进城;加之我国目前的经济主要依靠廉价的农业资源、廉价的土地和劳动力支撑,大量农民进城将削弱农村经济增长的动力,弱化国家整体经济实力。支持这一观点的代表性理论当属费孝通先生的“自下而上”的城镇化道路,即从农村小城镇开始,逐步城镇化,从而最大限度地减少快速城镇化、人为拉动的大城市化对整个社会所带来的冲击和负面影响。该观点认为我国城镇化的基本方向是在农村发展小城镇，即就地城镇化。针对小城镇在劳动力吸纳方面的优势，主张在县域范围内进行小城镇建设。该观点认为，大量人口涌入城市会给大城市带来就业压力，基础设施和社会公共服务也会难以满足要求，从而造成城市自然环境和社会环境的恶化。相反，小城镇容易管理，且农民进入转化为城镇居民的成本低、障碍小，因此既可以解决农村发展问题，也可以减轻大城市人口压力。

第二，主张大城市道路。该观点强调城市的规模经济和规模优势，认为大城市具有较强的竞争力，是现代经济发展的主战场。该观点坚持，所谓的大城市病也不是城市规模引发的，而是社会管理不足所致，所以不应否定大城市道路，而应该在特大城市周围大力发展城市群，重点发展省会城市、副省级城市以及一批条件好的地级市。该观点还认为，由于小城镇建设的分散性会导致公共资源的巨大负担，因此小城镇难以担当几亿农民城镇化的重任，过度强调发展小城镇会使得“农村病”比“城市病”问题更加严重。

第三，多元化的城镇发展道路。该观点主张让市场机制来调节城市的规模和布局。给城市规模设置框架会阻碍要素的自由合理流动，限制城镇的发展。只有消除了制度障碍才能使经济增长与城市规模相协调，才能充分释放城市活力。此外，我国地区发展差别较大，各个地区的经济发展水平和发展条件相异，面临的矛盾和问题也各不相同，因此不同的地区应该区别对待。城镇化的重点是各地区城乡间如何演进和发展、城镇化结构和质量水平如何提升，而不是表面上的建制和地名的变更。

当然，以上三种城镇化道路的观点表面上是讨论城市规模和城镇体系结构的问题，其本质实际上是政府战略选择和引导市场资源配置的问题。比如，“自上而下”的道路必然导致大城市优先，“自下而上”的道路必然导致小城镇优先，而这种战略选择上的差异自然会导致不同的城镇规模和城镇体系。因此，城镇规模的大小与结构其实不是人为设定的，而是城镇化的道路和偏向决定的。

事实上，合理的城镇化战略不应该仅仅关注表象上的城镇规模和大小，不能简单地以行政单元为统计口径对人口总量和密度进行度量，而应该重点关注空间规模与人口规模的对应、资源配置与产业结构的协调，从而实现城镇资源、空间、结构上的最优配置。当前，我国的城镇化事业进入了新的历史阶段，面临着人口和资源高度紧张的基本国情，如何通过空间、人口、经济、社会、生态等各领域的协调，实现健康有效的城镇化，无疑是我们需要去探寻和讨论的问题。当然，这些问题在我国新型城镇化的道路选择中已经部分给出了明确的回答。

## 三、新型城镇化战略解读

我国的新型城镇化战略最早于 2007 年 4 月提出，其初衷应该是为了纠正传统城镇化过程中所出现的一些诸如房地产化、非农化等倾向性偏差。最早围绕新型城镇化的一些理论研究就已经融入了农业农村发展、城乡协调、生态文明等理念，如“新型城镇化是为了提高人民民生幸福水平而规划建设的生态文明城镇集群；新型城镇化的核心在于不以牺牲农业和粮食、生态和环境为代价，着眼农民，涵盖农村，实现城乡基础设施一体化和公共服务均等化，实现城乡共同富裕；新型城镇化的基本特征是民生为本、发展人文、生态宜居、产业优化、城镇联动、走廊便捷、循环持续、和谐发展；新型城镇化是大中小城市、小城镇、新型农村社区协调发展、互促共进的城镇化；新型城镇化是具有独特竞争力、自优化的生态产业群，是空间调整的最高艺术”。

总体上看，国内学者对新型城镇化的发展方向认识基本统一，但对于其具体内涵、实现路径的理解还存在一定差异。如，牛文元认为新型城镇化是注重城乡一体化，注重集约发展、和谐发展，提升农民和城镇居民的生存、生活质量，转变经济发展方式，实现资源节约、环境友好、大中小城镇协调发展的道路；王发曾认为新型城镇化包括外延扩张和内涵优化两个进程，并指出，追求外延扩张与内涵优化和谐统一是新型城镇化最本质特征；仇保兴认为新型城镇化是从城市优先发展、高能耗、数量增长型、高环境冲击型、放任式、少数人先富的城镇化，向城乡协调发展、低能耗、质量提高型、低环境冲击型、集约式、社会和谐的城镇化转型发展；倪鹏飞认为新型城镇化是以人口城镇化为核心内容，以信息化、农业产业化和新型工业化为动力，以“内涵增长”为发展方式，以“政府引导、市场运作”为机制保障，走城乡一体化的可持续发展道路；吴殿廷认为新型城镇化是以人为本、注重质量、统筹城乡及绿色发展的城镇化发展道路。此外，还有许多学者从文化资本视角、人本视角等对新型城镇化内涵及特征进行了尝试性描述。综合梳理学者们对新型城镇化的阐释,我们可以从客观规律、基本关系和战略要点等几个维度进一步深入讨论。

(一)新型城镇化必须了解的几点客观规律

从上述城镇化内涵的各种描述及其外显特征不难看出,城镇化的核心是城乡要素的整合和空间的配置,这点与我国城乡一体化的实质是一致的。其中要素的整合是社会生产力发展的源泉,空间的配置是要素整合的保障。依据城镇化过程中要素、空间基本矛盾属性,大体可以总结出以下几点客观规律:第一,一个根据,即劳动生产率。人类社会进步的基本动因是劳动生产率的提高。其中二、三产业靠人口的城镇聚集来提高劳动生产率,农业靠减少农业人口来提高劳动生产率,这是城镇化的基本根据。第二,两力协调,即工业拉力和农业推力。农村人口有效转移必须要靠工业的拉力和农业的推力协调作用才能完成,两力不协调就会出现问题。第三,三个要素,即人、产业、土地是城镇化的三个基本要素。其中人是核心,产业是支撑,土地是载体。城镇化就是恰当运作这三个基本要素,从而达到社会进步的目的。第四,四类主体,即政府、企业、居民、智库。城镇化是这四类主体协作参与的系统性的社会工程。在尊重市场配置资源的决定性作用和更好发挥政府作用的原则下,由政府统领,这四类主体各就各位,各尽所能,互相协作,形成合力,才能顺利推进城镇化。

理论上讲,只有充分认识以上四点客观规律,新型城镇化工作才能有序、持续推进,才能形成一个宏观、中观、微观三级体系和谐共生的现代化城镇体系。

(二)新型城镇化必须处理好的几个关系

新型城镇化是基于以往传统城镇化所面临的问题和客观规律而提出的。其目标明确、政策定位合理,然而要顺利推进这一进程,我们必须正确认识并且处理好八个方面的关系:第一,空间关系,即正确处理城乡之间、城镇之间以及各类城区之间的关系;第二,产业关系,即正确处理产业发展和城镇化进程之间的关系,以及一产、二产、三产之间的关系;第三,要素关系,即正确处理人、产业、土地、资本等各种要素之间的关系;第四,居民关系,即正确处理各种居民之间的关系,特别是要保证不损害农民的利益,逐步实现公共服务均等化;第五,文化关系,即正确处理传承和创新的关系,把现代化和历史文化传承统一起来;第六,模式关系,即积极处理统一和多样的关系。各个城镇既要遵循国家统一规划,又要从实际出发做出选择;第七,进程关系,即正确处理速度与质量的关系。新型城镇化必须注意与当地的经济发展条件相匹配,遵循质量优先的原则;第八,主体关系,即正确处理政府、企业、居民之间的关系,正确处理"有形的手"和"无形的手"的关系,按照"政府引导、多方参与"的原则推进城镇化。

(三)新型城镇化必须遵循的几个战略要点

随着我国城镇化战略的不断推进,其复杂程度也不断提高,城镇化问题已不再是单一视角下的农村人口向城市流动的问题,也不是简单的"造城运动"问题,而是已经演化成了一个涉及社会结构、制度变迁、社会治理、群体心理、社会意识、身份转变、价值文化等多层次转换的、动态的、异质化的整合过程。对这些过程中所产生的问题的认知和应对措施无疑考验着当代政府、学者们以及各相关群体的大智慧。目前,我国许多地方各具特色的"造城运动"和"空城计"依然在如火如荼地轮番上演,说明我国的城镇化事业所面临的复杂性和不确定性风险依然很高。诚然,我们不能奢望一套高水平,同时又极具操作指导性的城镇化理论迅速产生。然而,为了减少失误,少走弯路,我们仍然需要结合城镇化的基本规律、内在关系以及我国的基本国情,再次强调新型城镇化进程中必须关注的几个战略要点:

1. 以人为本,促进人的发展与幸福

李克强总理曾指出,"推进城镇化,核心是人的城镇化……目的是造福百姓和富裕农民。"以人为本,促进人民幸福感提升应该是我国新型城镇化最需要强调的发展理念之一。相比传统城镇化发展过程中过分强调经济和产业发展,新型城镇化必须转向到重视人,促进人的发展和幸福的价值取向上来;必须从过分关注空间生产要素聚集中解脱出来,注重和倡导城市发展中自然属性和历史人文要素的复兴,关照自然环境与社会环境中脆弱性①要

① "脆弱性"这一概念起源于对自然灾害的研究,后广泛运用于自然科学与社会科学领域。在自然灾害、气候变化等自然科学领域,脆弱性通常指系统由于灾害等不利影响而遭受损害的程度和可能性;在贫穷、可持续生计等社会科学领域,脆弱性通常指系统承受不利影响的能力。

素的保护，在统筹融合城乡发展的基础上，创造田园型、适度紧缩的城市空间结构。

总而言之，新型城镇化必须以人为核心、重视生态文明建设，传承历史文化、促进人民发展，构建和谐幸福社会。社会的幸福和谐说到底取决于“人与人之间的和谐”以及“人与环境之间的和谐”，因此，“以人为本”的战略要点必须对这两方面进行充分地回应和满足。在促进“人与人之间的和谐”方面，要保障不同阶层、异质性很强的城市居民各自的合理要求基本都能得到满足，如他们的公共空间、公共服务、医疗保障等；要尊重所有人的基本权利，创造和谐共处的社会环境，在坚持公平正义的基础上，激发各类主体的效率。在促进“人与环境之间的和谐”方面，首先要重视人与自然环境之间的协调。在城市开发建设过程中，要重视水、土等自然资源的保护，合理安排公园、绿地、休闲广场等的建设，创造出符合人性结构的自然生态环境，满足居民可持续生存与发展；要重视人与人文环境的协调，推进城市人文环境的传承性发展。城市应该是有文化和历史底蕴的，可以通过对城市遗迹、古建筑物、道路等人文元素的保护，使城市的居民对自己所在的城市有认知感、荣誉感，进而获得归属感和幸福感。

2. 积极建立“市场主导、社会参与、成果分享”机制

如何处理好政府这只“看得见的手”与市场这只“看不见的手”的关系是我国社会经济发展长期面临的重大课题，城镇化事业同样也不例外。长期以来，我国的城镇化总体特征大致可以描述为“政府主导的大范围规划、征地搬迁、土地开发、农民安置”，民间社会尚不具备自发推进城镇化的各项条件。在这样的背景下，中国的城镇化路径在过去的30多年里一直围绕“建立开发区、建设新城区、发展中央商务区、旧城改造、城市扩展”等宏观空间调整的主线。应该说，这种政府与市场联盟机制，在我国的城市化实践中发挥了巨大效能。然而，由于社会力量总体参与不够，调查论证不足，许多规划和政策落实不到位，因此一些地区房地产业畸形发展，公共基础设施建设推进困难，大量失地农民利益受损，生态环境脆弱性加剧。新型城镇化需要修正传统城市化路径，允许并吸引社会力量广泛参与，建立起长效的行政监督机制和发展成果分享机制：在行政监督方面，要以真实的、以人为本的城镇化指标体系为依据，建立相关决策领导的责任追究机制，消除或抑制地方政

府好大喜功的浪费行为，遏制“死城、空城”现象的蔓延；在推动城镇文明成果共享方面，要避免城镇化过程中可能出现的“底层化、贫民化”现象。对于被征地农民要严格实施补偿红线，要将他们的建议反映到各类补偿方案中，确保被征地对象的各项权利，积极推进他们的市民化。对于已经流入城市的外来人口，各个城市要根据自己的功能定位，在兼顾效率和公平的情况下，采取积分落户、社保年限落户、购房落户等积极有效的措施，促进他们的实质性融入。

3. 重视城乡统筹、一体化发展

在我国这样的农业大国，正确解决“三农”问题在城镇化中占有特殊重要的地位，因此决不能走牺牲“三农”的城镇化歧路。城乡统筹发展要求我们在城乡之间建构起各具特色的发展序列，实现大中城市、小城镇、农村社区之间的融合发展。在基本面上，需要构造城乡之间大体一致的发展逻辑与保障政策，保护与发展农民生计，充分激发小城镇承载转移人口的潜力，拓宽农民就地城镇化渠道，给农民个体与家庭在承包地、宅基地流转等方面更多权限。成立相关农民资产监管机构，避免农民个人与家庭资产的损毁性流失。城乡统筹、一体化发展的最终目标是建成中国特色的城镇化体系，即在该体系中，农村和城市构成一个有机的整体，农民能够享有市民般的生活品质和公共服务，市民则能够体验到农村的田园风光，城乡居民能够生活在同一个世界，城乡之间的“极化”得以消除，大中小城市和小城镇均衡有效率地发展，资金、劳动力、信息、技术、人才等生产要素在城乡间自由双向流动。事实上，城乡融合的城镇化理论与“全域城市化”①理论高度吻合，该理论同样强调城市化模式应由人口、产业、设施向城区点状集中，转变为人口、产业、设施全域网络状布局，从而实现城乡间的共融发展。

---

① 大连市于2009年首次提出了“全域城市化”的发展战略，即在大连全域以城镇化扩张为基础，以推进产业化为依托，以实现城乡一体化为核心的统筹城乡产业发展、统筹城乡规划建设、统筹城乡收入分配、统筹城乡社会管理的全面的转型升级过程，从而逐步实现全域基本公共服务均等化、基础设施网络化、城区现代化、村镇社区化、农民市民化和农业都市化。目前，全域城市化通常指在城市化的中后期，当区域经济实力积累到一定程度时，在市场配置资源的基础作用以及上级政府的协调和统一推进作用下，城市化的主要空间从少数几个点通过城镇体系扩散到整个区域，从而增强对农村的辐射和带动作用，实现城乡协调发展和共同进步，通过人口、要素的自由流动和优化配置，实现区域一体、协调发展的城市化过程。该战略主张与我国的新型城镇化战略基本一致。

4. 重视“五位一体”发展

在我国这样的发展中国家，城镇化进程中最容易出现以下几个片面性问题：一是重城镇建设、轻社会建设，导致在“城乡二元结构”还未完全破除的情况下，产生新的“城市二元结构”问题，即许多城市在社会事业发展过程中存在短板，导致大批流入城市的新居民无法在劳动就业、社会保障、城市住房等方面，享受与原有城市居民的同等待遇；二是重经济效益，轻生态建设，导致不能及时解决城乡区域内出现的环境恶化问题；三是重现代化赶超，轻文化传承，导致不能很好解决传统文化流失、文化自信不足等问题；四是重实体建设，轻制度配套，导致“软实力”严重不足，不能适应城镇化管理的新要求。因此，“经济建设、政治建设、文化建设、社会建设、生态文明建设”协调发展的“五位一体”战略是根治这些病症的根本良药。

## 第三节 新型城镇化与城乡一体化理论的统一性

从马克思、恩格斯的城乡关系理论中不难看出，城乡融合和一体化发展是城乡关系演进的高级阶段，并且只有生产力尤其是工业发展到一定的程度，才具备城乡融合发展的基础和条件。截至 2018 年末，我国人均 GDP 已经达到 64520 元，城镇化率也超过了 60%，这些改革发展的成就都清晰地表明我国已经进入了城乡融合和一体化发展的新阶段。在这样的时代背景下，我国所推行的新型城镇化战略与城乡一体化战略之间事实上存在着本质、政策导向以及内容上的高度统一。

### 一、两者发展本质上的统一

新型城镇化强调以人为本，是一种以人为核心的城镇化。其本质的目标是实现城乡居民生存发展权利上的平等一致。其政策的落实常常体现为两个方面：第一，以市民化为核心，消除户籍歧视、城乡歧视和区域歧视，为全体城镇居民提供全覆盖、均等化的基本公共服务，使进城定居的常住人口和农村居民都能享受到均等化的基本公共服务；第二，保障进城农民最基本的财产权。这些财产主要体现为农民在农村拥有的住房、宅基地、土地承包经营权、集体资产股份等。新型城镇化主张农民进城不以放弃农村的财产权益作为代价,同时赋予进城农民与城镇居民平等的权益。随着农村人口向城镇的集中,在以人为核心的新型城镇化格局下,这些公共服务覆盖和财产权利的保障政策,将有助于增加农民收入,促进农业规模化经营,刺激农村经济增长,从而为破解"三农"问题,推进城乡的一体化发展奠定坚实的基础。从中国的发展实践来看,目前我国城镇化水平较高的地区,其城乡收入差距通常较低;相反,城镇化水平较低的地区则城乡收入差距较大。由此可知,城镇化水平与城乡收入差距呈现出显著的负相关关系,具体数据和对比关系见表 2-1 所列,如图 2-1 所示。再结合前文所提到的城乡收入差距是城乡一体化水平重要测度指标的描述,我们不难得出这样的结论:新型城镇化的有序、深入推进,将有效缩小城乡收入差距,有助于破解城乡二元结构。

**表 2-1 2018 年全国 31 省份城镇化率与第一季度城乡居民人均可支配收入比**

| 地区 | 2018 年第一季度城镇居民人均可支配收入(元) | 2018 年第一季度农村居民人均可支配收入(元) | 城乡居民人均可支配收入比 | 2018 年各省城镇化率(%) |
|---|---|---|---|---|
| 上海 | 18181 | 9427 | 1.929 | 88.1 |
| 北京 | 17049 | 7599 | 2.244 | 86.5 |
| 浙江 | 16925 | 9138 | 1.852 | 68.9 |
| 江苏 | 14590 | 8166 | 1.787 | 69.6 |
| 天津 | 12020 | 6642 | 1.810 | 83.2 |
| 广东 | 12259 | 4982 | 2.461 | 70.7 |
| 福建 | 12429 | 4699 | 2.645 | 65.8 |
| 山东 | 10838 | 4906 | 2.209 | 61.2 |
| 辽宁 | 9585 | 5029 | 1.906 | 68.1 |
| 内蒙古 | 10031 | 4355 | 2.303 | 62.7 |
| 重庆 | 10196 | 3979 | 2.562 | 65.5 |
| 湖北 | 9840 | 4175 | 2.357 | 60.3 |
| 湖南 | 9975 | 3972 | 2.511 | 56.0 |
| 安徽 | 9448 | 4300 | 2.197 | 54.7 |
| 海南 | 8878 | 3758 | 2.362 | 59.1 |

（续表）

| 地区 | 2018年第一季度城镇居民人均可支配收入（元） | 2018年第一季度农村居民人均可支配收入（元） | 城乡居民人均可支配收入比 | 2018年各省城镇化率（%） |
|---|---|---|---|---|
| 吉林 | 7753 | 4656 | 1.665 | 57.5 |
| 黑龙江 | 7511 | 4551 | 1.650 | 60.1 |
| 四川 | 9022 | 3801 | 2.374 | 52.3 |
| 江西 | 8787 | 3615 | 2.431 | 56.0 |
| 河北 | 8455 | 3857 | 2.192 | 56.4 |
| 陕西 | 8595 | 3250 | 2.645 | 58.1 |
| 广西 | 8838 | 3543 | 2.494 | 50.2 |
| 河南 | 8389 | 3480 | 2.411 | 51.7 |
| 山西 | 7746 | 3051 | 2.539 | 58.4 |
| 宁夏 | 7802 | 2822 | 2.765 | 58.9 |
| 青海 | 8051 | 2761 | 2.916 | 54.5 |
| 云南 | 8898 | 2641 | 3.369 | 47.8 |
| 贵州 | 8374 | 2259 | 3.707 | 47.5 |
| 甘肃 | 7823 | 2431 | 3.218 | 47.7 |
| 新疆 | 8267 | 1533 | 5.393 | 50.9 |
| 西藏 | 8010 | 1484 | 5.398 | 31.1 |

（资料来源：国家统计局）

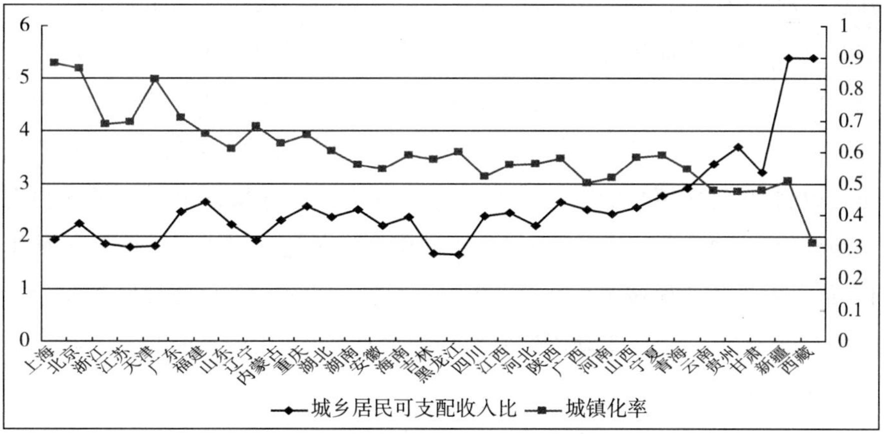


图2-1　2018年全国31省份城镇化率与第一季度城乡居民可支配收入比关系图

事实上，衡量我国新型城镇化发展是否健康有效，一个重要的标准就是城乡差别是否随着城镇化的推进而不断地缩小，向着城乡一体化方向演变。如果把“城区建成面积”不断扩大，城镇化率不断提升看成是“有形城镇化”的外在表现，那么城乡差距的不断缩小、新农村建设对农村环境的大改观等则可以视为“无形城镇化”，因为这一过程意味着城市文明对农村的辐射带动取得了较好的成效。农村居民在收入、福利、生存环境等各方面都有所改善，也能有效分享到城镇化发展所带来的各项红利。当然，无形城镇化的程度越高，有形的城镇化也就越容易进一步推进，城乡一体化的进程也就会越快。综上所述，我国目前所推行的以人为本的新型城镇化战略与我国的城乡一体化战略在本质上存在着高度的统一性。

**二、两者发展政策上的统一**

新型城镇化强调“以城带乡”，是一种城市支持农村的城镇化。早在2008年的十七届三中全会上，党中央就明确指出：我国总体上已进入以工促农、以城带乡的发展阶段，进入加快改造传统农业、走中国特色农业现代化道路的关键时刻，进入着力破除城乡二元结构、形成城乡经济社会发展一体化新格局的重要时期。会议明确提出了工业反哺农业，城市支持农村以及多予少取、放活的方针。党的十八大再次强调了“以工促农、以城带乡、工农互惠、城乡一体的新型工农、城乡关系”，主张城乡发展一体化是解决三农问题的根本途径，要加快完善城乡一体化体制机制，着力在城乡规划、基础设施、公共服务等方面推进一体化，促进城乡要素平等交换和公共资源均衡配置。新型城镇化“以城带乡”的政策主张实际上是对以往剥夺农民、牺牲农业、忽视农村的城镇化老路的及时修正。它主张充分发挥中心城区的辐射带动作用，重视中小城市和小城镇、农村新型社区建设，推动就地、就近城镇化，依靠农村的就地城镇化带动新农村建设。充分发挥城镇对生产要素的聚集和整合功能，辐射带动周边农村地区协调发展，在更高的起点上实现城乡协同发展。

新型城镇化强调“以人为本”，是一种以人为核心的城镇化。它不同于以往“以物为核心”的传统城镇化。它明确了农村公共性与城镇化公共性[①]紧密对接的要求，即积极推动和实现城乡居民公平、公正地共享城镇公共利益和现代文明。它主张在加速农业人口向城镇转移的过程中，优化城镇化发展的“人-物”结构；弥合城乡公共性断裂，努力在城乡一体化公共性上保障进城农民获得市民权益，努力使居村农民、进城农民和城镇市民都能享有均等化的公共服务和社会保障。新型城镇化强调“人的平等问题”，主张政府主动将进城农民纳入城镇公共设施和公共服务规划与发展计划中，将进城农民视为市民而不是“准市民”，真心实意地为进城农民提供与市民均等化的公共服务。当然，以人为本的理念还包括城乡文明的双向互动，即推动城镇文明向农村的覆盖，方便农村居民到城镇就业、看病、就学等，同时也包括允许和鼓励城市居民到农村过田园生活或者休假，这些都是城乡一体化发展的终极目标。因此，新型城镇化“以人为本、以城带乡”的典型特征清晰表明了它与城乡一体化政策导向的高度统一。

### 三、两者发展路径上的统一

党的十八大报告明确提出，要坚持走中国特色新型工业化、信息化、城镇化、农业现代化（简称“四化”）道路，推动城镇化和工业化良性互动、城镇化和农业现代化相互协调。因此，我国的新型城镇化是“四化同步”政策框架下的城镇化。它所主张的与工业化的良性互动，有利于城乡工业的转型升级，有利于提升城市发展的内涵；它所主张的与农业现代化的相互协调，有利于推进农业的内涵发展，有利于农村的经济繁荣。而城市和工业的转型升级、农村和农业的繁荣发展则恰恰是城乡融合一体化发展的路径形式。

新型城镇化在发展导向上进一步纠正了传统城镇化过程中以耕地大量减少、牺牲粮食和农业为代价的错误路径。农业和农村不仅承担着保障粮

---

① 公共性是相对于私人性而言的一个概念。通常不同的研究视角有着不同的诠释，但基本都具有一些共性的特征，那就是强调“公开性、公正性、公平性、共有性、共享性、共同性”等特性。公共性在社会建设中处于基础性地位，它既是社会建设的重要目标，又是其支撑性条件之一，还是促成“社会团结”的重要机制。

食安全和生态功能的重任，而且为城市居民提供了重要的生态和休闲空间；新型城镇化主张破除城乡二元结构，打破条块分割，推动城乡要素自由流动、平等交换和公共资源的均衡配置，建立完善的城乡统一的户籍登记制度、土地管理制度、就业管理制度、社会保障制度和行政管理制度，实现城乡居民生活质量的等值化。这些建立在"四化"同步基础上的制度设计在本质上都与城乡一体化的发展路径高度吻合。

# 第三章　小城镇的内涵、发展历程与现状

## 第一节　小城镇的内涵

被费孝通先生喻为“乡村之首、都市之足”的“小城镇”无疑是我国新型城镇化、城乡一体化相关研究的一个高频词汇。它常被用来与“大中小城市”“乡村”并列，共同构成我国城镇化的主体描述，然而由于城乡之间“理论上”的界限可能要远远强于现实中“空间上”的界限，所以对介于城乡之间的小城镇所指向的覆盖范围，无论是理论工作者还是实践工作者，往往存在许多不同的看法，甚至于小城镇在不同时期、不同地区的指向也是不一样的，总之充满争议。但由于回答好“什么是小城镇”这个问题是讨论小城镇本身以及其他与之相关问题的基础，所以在此我们必须首先对小城镇的概念加以粗略的界定和描述。

### 一、小城镇的范畴指向

结合当前学术界研究的主流观点，小城镇概念的理解通常有狭义和广义两种观点。

狭义的小城镇通常指县城以下建制镇和尚未设镇建制的乡政府所在地的集镇（乡集镇），以及纯属集市贸易的集镇。其中，建制镇是狭义小城镇的代名词。按照 1984 年我国民政部《关于调整建制镇标准的报告》的说法，建制镇通常指空间规模最小和行政级别最低的非农业聚集区。其设立的基本

条件:县级政府所在地和非农业人口占全乡总人口10%以上、其绝对数超过2000人的乡政府驻地。县政府所在地无论人口多少都属于镇,因此建制镇就又分为了县城镇(城关镇)和普通镇(独立镇),通常县城镇的城镇化程度比较高。世界银行组织在一份报告中将狭义的小城镇功能描述为"与农村人口最接近,因而发挥着连接城乡区域的桥梁作用;充当乡村农产品的初级分销中心;是以农业为主的区域加工和制造业所在地;其城镇设施,如学校、医院、图书馆和社区中心等不仅服务于镇区的城镇人口,也服务于周边区域大量的农村人口;镇的进一步发展有助于缩小城乡差距,从而促进城乡一体化"。

广义的小城镇则可以理解为上述狭义的小城镇以及Ⅱ型小城市的集合。根据2014年《国务院关于调整城市规模划分标准的通知》,我国对城市类型增加了超大城市和Ⅱ型小城市的划分。其中Ⅱ型小城市被界定为常住人口20万人以下的小城市。这个进一步细分小城市的举措所隐含的寓意其实非常明确,那就是希望能更好地无缝对接狭义小城镇,进一步服务于城市的规划和建设,编织一张更加细密、更加科学的城镇体系大网。城市分类体系的拓宽同时也为我国新型城镇化的发展指明了重点方向。如果说北京、上海两座超大城市是国际性城市,是国家城市治理的重点,必须严格控制人口和规模,那么Ⅱ型小城市则在文化上更加具有本土性,更应该成为中国城市规划和建设的重点,从而为农村人口的属地城市化、就地城市化提供更加牢靠的基础和条件。

结合城镇化发展的客观规律,即许多的小城市均发展来源于建制镇中的中心镇、重点镇,因此,广义的小城镇概念无疑更能体现动态的发展理念以及城乡互通、互融的思想。本书以城乡一体化为目标导向,探寻我国新型城镇化过程中小城镇的动态发展问题,因此采用广义的小城镇概念更符合研究的框架与范畴。文中的小城镇与中小城镇同义,通常指向各个地区具有较好发展潜力的建制镇,尤其是重点镇、中心镇、城关镇以及由它们发展而来的Ⅱ型小城市。

## 二、小城镇动态多维特征

从我国小城镇数量的巨大变化以及产业形态千差万别的现状不难看

出，小城镇事实上一直处于发展变迁的过程当中。它们有兴有衰，延续时间长的或许演变成了历史名镇，产业经济活跃的或许发展成了产业强镇，而区位经济边缘化的则可能被撤销合并，消失在历史的长河之中。因此，对于小城镇的研究必须具有一个动态发展的视角。此外，我国小城镇的情况是十分复杂的，有的人口规模可能已经突破小城市标准，有的可能还只是农村中心的小集镇。它们的人口聚集能力、产业活动能力、政策扶持力度各异，因此在动态视角的基础上，我们还必须认清小城镇的多维性特征，即从"人、生活、经济、空间"四个基本面透视小城镇的发展和变迁：以人说镇，是因为人是小城镇最重要的构成细胞，运转着小城镇的一切活动，人的年龄、就业、教育、收入等结构和特征都能反映出小城镇的经济社会结构；以生活说镇，因为生活是社会经济发展的终极目标，小城镇人们生活的满意度与幸福感能综合反映出小城镇的历史、自然、文化等方方面面的特征和功能，也能反映出人们的价值观等思想意识；以经济说镇，因为经济是小镇的生命力所在，它决定了小城镇如何"谋生"与运转，以及小城镇在国民经济整体中的地位与作用；以空间说镇，因为空间是人类生活、生产的前提及其对应的产物。围绕小城镇研究的动态多维视角特征，下一节将对我国小城镇纵向的成长历程与横向的发展现状展开讨论。

## 第二节 我国小城镇发展历程与现状

根据住房和城乡建设部统计，截至 2016 年末，我国有各级城市 657 个，县城单位 1537 个，建制镇 20883 个，自然村 261.7 万个。作为城镇群体的重要一环，小城镇无疑承担着从百位级城市到百万级自然村的重要桥接作用，那么，这些数量众多的小城镇是如何演化而来的？它们目前整体发展状况如何？这些问题自然值得我们去梳理和探索。

### 一、小城镇纵向的发展历程

21 世纪的中国经济高速增长，人民生活日渐富裕，城镇化速度不断加快。城镇化率从1978年的17.92%，稳步提升到了2020年的63.89%。这种大规模的快速城镇化在世界上绝无仅有。全球范围的城镇化研究显示，世界城镇化率由30%提高到50%平均用了50年的时间，而中国仅用了15年的时间。按照联合国经济和社会事务部发布的报告，从1995年到2010年，世界新增城市人口有28.5%是中国贡献的。该事务部发布的《2018年世界城镇化展望》报告还预测，到2050年全球城市人口总量将增加25亿，其中中国将增加2.55亿。中国大规模的快速城镇化，不仅是拉动中国经济快速增长、消除农村贫困的重要动力，也是推动我国经济社会变革的重要力量。

按照中国城镇化的推进速度和演变特征，中国的城镇化历程大体可以分为三个阶段：改革开放前(1949—1978年)；改革开放初到20世纪末；21世纪之后。小城镇作为总体城镇体系的有机组成部分，自然也体现出一定的阶段性发展特征。

(一)改革开放前小城镇的发展

改革开放前我国推行的是计划经济，城市的规模经济以及聚集效应在这样的非市场经济体制下无法显现。加上我国采取的是人为的城乡分割和限制城市人口的政策，所以这一时期，无论是大跃进阶段的农村工业化还是后来的知识青年上山下乡运动，都在很大程度上抑制了城镇化的发展，小城镇的发展自然也不例外。行政政策干预结果的一个具体表现就是城镇化显著落后于工业化。自1952年到1978年，我国工业GDP的比重从17.6%上升到了44.1%，而同期的城镇化水平则仅从12.5%上升到了17.9%。具体的城镇化发展情况如图3-1所示。

从图3-1不难看出，这一时期的整体城镇化发展速度比较迟缓，而且小城市的发展更为滞后，其中小城市的数量不增反减，小城市的居住人口虽略有增长，但增长的比例也是最小的。究其根源，主要原因应该还是城乡二元户籍制度的刚性分割限制了农村居民演变为非农业人口。尽管小城镇在空间上离农村最近，具有实现农民就地、就近城镇化的得天独厚的条件，但城乡分割的制度安排就犹如一堵无形的墙，将城镇和农村隔离得如同两个世界。这一时期城镇化的发展完全是计划体制的结果，不能用市场经济中人口、土地等要素的流动以及聚集效应等来解释。

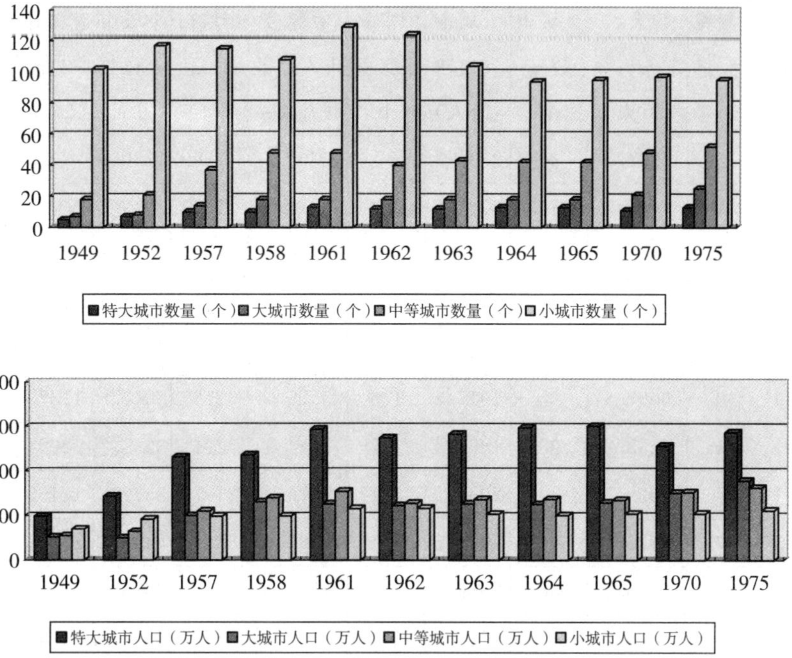


图 3-1　改革开放前部分年份不同规模城市数量与人口数量

（数据来源:《新中国城市 50 年》。城市规模等级采用 2014 年以前的标准,即超过 100 万人为特大城市,50 万～100 万人为大城市,20 万～50 万人为中等城市,小于 20 万人为小城市）

## (二)改革开放初到 20 世纪末小城镇的发展

自 1980 年起,国家的城镇化战略发生了一些改变,从限制城市发展转变为“严格控制大城市规模,合理发展中小城市,积极发展小城镇”。全国许多地方在这一总体方略的指引下,积极探索适合自己的城镇化模式。比如,湖南省提出了“培育大型中心城市和壮大县城,进行聚集式发展”;山东省则提出了“合理发展大城市,重点发展中小城市,积极发展小城镇”的思路。战略转变的直接结果就是这一时期的城镇化水平快速提高,从 1980 年的 19.39%提高到了 1998 年的 33.35%,年均增长率 0.77%,超过了多数发达国家工业化时期的平均增长速度。具体的城市数量以及人口数量见表 3-1 所列。

表 3-1 1980—1998 年间不同规模等级城市数量与人口

| 年份 | 特大城市数量（个） | 特大城市人口数（万人） | 大城市数量（个） | 大城市人口数（万人） | 中等城市数量（个） | 中等城市人口数（万人） | 小城市数量（个） | 小城市人口数（万人） | 建制镇数量（个） | 建制镇人口数（万人） |
|---|---|---|---|---|---|---|---|---|---|---|
| 1980 | 15 | 3509.5 | 30 | 2331.3 | 72 | 2161.3 | 106 | 1180.9 | - | - |
| 1985 | 21 | 4648.3 | 31 | 2290.9 | 93 | 2873.0 | 179 | 2009.5 | 9140 | - |
| 1986 | 23 | 4928.5 | 30 | 2165.9 | 95 | 2886.0 | 205 | 2219.8 | 10718 | - |
| 1987 | 25 | 5277.8 | 30 | 2154.6 | 103 | 3124.7 | 223 | 2417.6 | 11103 | - |
| 1988 | 28 | 5724.5 | 30 | 2027.1 | 110 | 3321.4 | 266 | 2909.9 | 11481 | - |
| 1989 | 30 | 6067.8 | 28 | 1917.3 | 116 | 3575.6 | 276 | 3061.8 | 11873 | - |
| 1990 | 31 | 6258.2 | 28 | 1899.4 | 117 | 3644.4 | 291 | 3235.7 | 12084 | 6100 |
| 1991 | 31 | 6334.5 | 30 | 2030.2 | 121 | 3776.2 | 197 | 3322.6 | 12455 | 6600 |
| 1992 | 32 | 6516.4 | 31 | 2091.5 | 141 | 4282.7 | 313 | 3549.0 | 14539 | 7200 |
| 1993 | 32 | 6676.2 | 36 | 2464.2 | 159 | 4733.0 | 343 | 3836.0 | 15805 | 7900 |
| 1994 | 32 | 6820.5 | 42 | 2781.2 | 173 | 5317.4 | 375 | 4246.2 | 16702 | 8700 |
| 1995 | 32 | 6992.6 | 43 | 2969.5 | 192 | 5774.0 | 373 | 4286.1 | 17532 | 9300 |
| 1996 | 34 | 7318.7 | 44 | 3000.9 | 195 | 5951.4 | 393 | 4508.1 | 18171 | 9900 |
| 1997 | 34 | 7486.8 | 47 | 3227.8 | 205 | 6268.4 | 382 | 4380.5 | 18925 | 10400 |
| 1998 | 37 | 7960.1 | 48 | 3134.3 | 205 | 6272.3 | 378 | 4409.4 | 19216 | 10900 |

（数据来源:《新中国城市 50 年》。城市规模等级采用 2014 年以前的标准，即超过 100 万人为特大城市，50 万～100 万人为大城市，20 万～50 万人为中等城市，小于 20 万人为小城市。表中“-”代表部分数据缺失）

表 3-1 显示，随着改革开放的号角吹响，我国的整体城镇化速度明显加快，其中小城市数量和人口都出现了前所未有的增长，同时建制镇主导的城镇化特征明显。小城市的数量由 1980 年的 106 个增加到了 1998 年的 378 个，同时其人口也由 1180.9 万增加到了 4409.4 万；建制镇数量则从 1985 年的 9140 个增长到了 1998 年的 19216 个。各种规模的城市（镇）都进入了成长的快车道。其中，由于改革释放了农村发展的活力，建制镇的人口增长最快，远远超过了其他类型的城市。具体的变化趋势如图 3-2 所示。

该时期，建制镇的快速发展是城镇化的主要特征，原因主要体现为两个

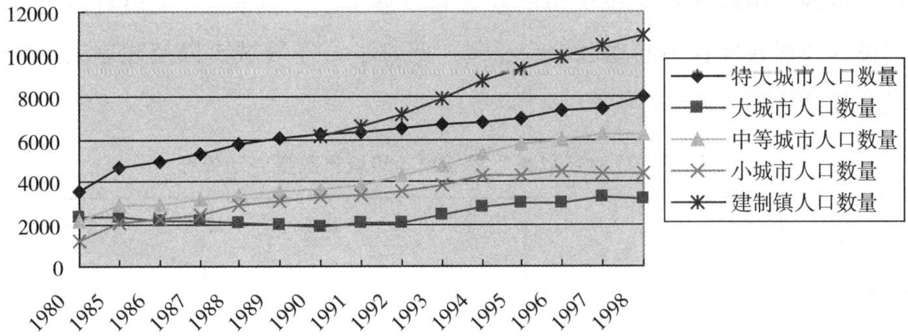


图 3－2　1980—1998 年间不同规模等级城市人口数量变化趋势图

方面：一是大规模地"撤地设市、撤县设市"，二是"撤乡建镇"，尤其是后者，大批的乡改为镇，使小城镇的数量迅速增加。当然行政的调整也是顺应此时乡镇企业的快速发展。围绕一些本地的乡镇企业，出现了很多的人口聚集区和产业聚集区，这些使得乡改镇的步伐加快。尤其是 1984 年国家降低了设镇标准、放宽了户籍限制，更是使得建制镇从 1983 年的近 3000 个一下子增长到了 1990 年的 12000 多个，再到 1998 年的约 20000 个。对应的人口数量也是出现了强劲的增长。显然这一时期小城镇的快速崛起主要得益于改革开放所带来的政策红利，得益于乡村工业以及第三产业的发展成果，是这一时期经济社会发展的必然结果。

### (三)21 世纪之后小城镇的发展

21 世纪以来，中国的城镇化进入了一个新的发展阶段，也进入了改革发展的深水期。此时的小城镇发展基调主要源于政府 2001 年正式提出的"大中小城市和小城镇协调发展"的理念，以及对农民工进城从允许转变为鼓励和支持的政策。其间，我国城镇化的水平由 2000 年的 36.22％迅速提升到了 2015 年的 55.83％，年均增长 1.3％，成为历史上城镇化最快的一段时期。这一时期，城镇化发展较为均衡，各种规模的城镇数量和人口数量增长都显著加快。

2000 年国务院发布的《关于促进小城镇健康发展的若干意见》更是促进了以县域为主的小城镇建设的明显升温。许多地区都加快了中心镇发展的步伐，同时在广大的农村地区开展了大规模的新民居建设运动。伴随着小城镇的快速发展和农村新民居的建设，虽然小城镇的数量没有显著的增加，但人口的集中居住却为小城镇的壮大和发展提供了前提，一批极具特色的居民区和居住区在不同地区纷纷涌现。此时不同等级城市以及建制镇的数量变化具体见表 3-2 所列。

表 3-2　21 世纪以来不同规模等级城市数量变动情况

| 年份 | 特大城市（个） | 大城市（个） | 中等城市（个） | 小城市（个） | 县城（个） | 建制镇（个） |
|---|---|---|---|---|---|---|
| 2000 | 90 | 103 | 66 | 403 | 1503 | 20312 |
| 2001 | 93 | 105 | 64 | 400 | 1489 | 20374 |
| 2002 | 102 | 109 | 63 | 385 | 1478 | 20601 |
| 2003 | 105 | 111 | 63 | 379 | 1470 | 20226 |
| 2004 | 108 | 111 | 63 | 378 | 1464 | 19883 |
| 2005 | 113 | 108 | 61 | 378 | 1464 | 19522 |
| 2006 | 117 | 106 | 59 | 373 | 1463 | 19369 |
| 2007 | 118 | 111 | 55 | 371 | 1463 | 19249 |
| 2008 | 122 | 110 | 51 | 372 | 1463 | 19234 |
| 2009 | 124 | 110 | 51 | 369 | 1464 | 19322 |
| 2010 | 125 | 109 | 49 | 374 | 1461 | 19410 |
| 2011 | 127 | 108 | 49 | 373 | 1456 | 19683 |
| 2012 | 127 | 109 | 50 | 372 | 1453 | 19886 |
| 2013 | 133 | 103 | 52 | 370 | 1442 | 20117 |

从表 3-2 可以看出，2000 年以来，我国的特大城市数量增长最快，大中城市数量基本持平，相反小城镇（小城市＋县城＋建制镇）数量则明显减少。究其根本原因，是这一时期的城镇化主要表现为外部资本和经济介入的大面积城镇化，即具体表现为大城市在房地产以及规模经济的带动下急剧扩张，经济增长势头强劲，相反随着大部分地区乡镇企业的衰落，小城镇发展日渐乏力，逐渐凸显衰落之势。当然，这一时期小城镇数量的减少也受到了“撤县设市”以及行政区划调整等诸多因素的影响，但大城市强势主导的情况普遍存在，理论上所期望的大中小城市协调发展的格局演变依旧困难重重。我国从小城镇低端到大城市高端，人口、资金、技术、产业、社会资本等

全部呈现出与城镇体系结构相反的倒金字塔结构。

## 二、小城镇横向的发展现状

虽然在20世纪80年代，我国就提出了"小城镇，大战略"的国家方略，并且在后来的新型城镇化战略中不断强调中小城镇的重要地位和作用，试图采取各种经济和政策手段形成大中小城市以及小城镇协调发展的局面，但由于传统城镇化战略路径的惯性以及政策实效的滞后性，目前我国小城镇发展的现状仍然不够乐观，发展明显滞后，与大中城市的协调度不高，没能充分地承担起吸纳转移农业人口、平衡地区发展的作用。总结归纳起来可以描述为以下几个方面：

### (一)小城镇经济、社会发展质量普遍不高

结合城乡关系的演化历程，我们知道城市来自乡村，城市是社会文明与进步的重要载体，无论是农业社会还是工业社会，城市的政治节点意义毋庸置疑。因此，一些有着重要政治身份的大城市无疑会凭借这一地位锁定过多的资源，从而形成城市等级上的差异。

其实现代意义的西方城市并无等级，多数城市以地方的名义高度自治，但是我国自封建时代以来，城市就意味着不同的政治等级和序列。即使到了今天，城市的形成在很大程度上也是公共政策的结果。政治等级高的城市往往能够在国家城市战略偏向下聚集大量资源，并形成快速增长点。在行政规划手段的强制性干预以及随后产业规模聚集、要素虹吸等经济效应的影响下，大城市的规模以及数量不断增加。相反，小城镇的数量自2013年以来一直徘徊在20000个左右。

受政府城市梯度政策的影响，许多小城镇的经济水平和发展能力表现出疲软的态势。与大中城市相比，小城镇的经济水平更接近农村，许多小城镇虽然也有一定的工业和非农产业基础，但由于聚集效益明显落后于大城市，加上人才等优势资源严重缺乏，发展梯度过低，不能有效承接大中城市产业转移，无法对优势资源以及固定资产投资形成吸引，因此，导致了建成区内企业规模普遍偏小、技术含量低、效益差、环境污染严重等诸多问题。此外，小城镇第三产业比例普遍不高，就业结构单一，也使得大中城市与小城镇之间的差距日益拉大。

(二)小城镇人口承载能力仍然比较弱

据统计,截至2016年末,我国建制镇数量为20883个,村镇户籍总人口9.59亿,其中建制镇建成区人口1.62亿,占村镇总人口的比例仅为16.96%,占全国人口的比例仅为11.71%,远低于发达国家小城镇在总人口中的占比。此外小城镇基础设施建设的有效投资机制并不完善,现有的道路、供水、燃气等基础设施落后,因此小城镇远没成为人们长期稳定的居住地。据《2017年中国城乡建设统计年鉴》报告,全国建制镇2015年的污水处理率仅为51%,生活垃圾无害化处理率仅有45%,再加上产业薄弱、医疗教育服务水平低、环境脏乱差,因此许多年轻人选择离开。从全国范围来看,人口越来越向大中城市或特大城市集中;从省市范围来看,人口大量向地级市以及县城城关镇集中。这一趋势从新中国成立以来我国大中城市以及小城市人口比例的变动可以得到印证。

(三)小城镇地区间发展极不平衡

改革开放以来,我国经历了快速的城镇化,但受各地区经济社会、自然条件差异的影响,城镇化呈现出典型的"东高西低"格局,地区间城镇化水平差异加大。据统计,截至2018年底,浙江、江苏等东部省份城镇化率均接近70%,而西部的甘肃、贵州、西藏等地的城镇化率则仅为47.69%、47.42%、31.14%,差距十分明显。如果进一步对这个总体城镇化率的差距进行分析,则会发现,差距主要来源于小城镇发展的差异。东部地区城镇在国内生产总值、镇区人口规模、城市规划管理、宜居环境建设、政府管理服务等方面都普遍高于中西部地区平均水平,因此,其小城镇发展的数量和质量都远远高于西部地区,这直接导致了建制镇在地理空间上呈现出东部地区布点密集、中部地区布点居中、西部地区布点稀疏的分布态势。

(四)小城镇部分政府职能模糊

在我国行政体系中,乡村的建制镇与城市中的街道往往属于同一级别,但镇与街道的组成部分以及形态特征往往存在较大的不同。建制镇周边往往属于乡村地区,均实行的是乡村管理模式。镇的公共设施很大部分主要为其周边地区的农村提供服务,加上管理机构大多是从乡级单位演化而来,因此镇的政府职能在本质上又带有乡村管理的烙印,这就造成了镇的政府职能不够明确,过多地承袭了之前村镇的行政管理模式。正是由于小城镇行政管理主体自身职能模糊，再加上工作方式与管理团队建设相对滞后，因此，在城镇的基础设施建设与规划、环境的保护与治理、社区建设与公共服务的提供、经济结构的调整等方面都缺乏足够的城镇化经验。

此外，镇所在的地区其实是一个城乡接合部，这一带是集城乡地域交叉、城乡居民生活方式交叉、城乡行政管理交叉的多重交叉点，也是二元体制的衔接点和前沿阵地，面临着许多城镇化过程中的典型矛盾和问题，因此部分镇政府的管理所表现出的无序发展状态比城市更为严峻。

(五)小城镇发展出现了杂乱无序的状态

由于政府的有效管理缺位，加上粗放型城市化的冲动，因此，许多小城镇的发展出现了杂乱无序的状态。一个主要的表现就是“人口城镇化”滞后于“土地城镇化”，发展过程中重“物的城镇化”轻“人的城镇化”，城市结构松散、占地过多，城镇用地增长明显快于人口容纳增长。根据清华同衡研究院在住建部帮助下所进行的一项研究报告，截至2016年底，我国小城镇总用地面积达到了39702平方千米，占我国城镇建设用地的三分之一。并且报告还显示，最近10年小城镇的土地城镇化要明显快于人口城镇化的速度。杂乱无序发展的另一个重要表现就是文化建设和生态建设滞后于实体建设，许多小城镇发展中的历史文化传承问题没能引起足够的重视，一些小城镇的文化特色、地方特色、民族特色在粗放的发展过程中逐渐消失，城镇的环境污染问题也越来越严重。

当然，结合现阶段我国城乡一体化发展的总体战略，小城镇发展所面临的问题与城乡统筹工作中所出现的一些问题事实上存在许多的共同点。

# 第四章 小城镇在城乡一体化视角下的再认识

从城乡关系的演化规律，我们知道城市起源于乡村，是人类社会经济以及文明发展的一种普遍形式。在城市形成的动力系统中，人口变迁和社会变迁具有很强的解释力：人口变迁决定了城市的规模、结构以及分布，而社会变迁则铸就了城市完全不同的社会特征。这种变迁动力的存在解释了城市与乡村的差异，但也割裂了城市与乡村间的逻辑互通。当我们发展到一定阶段，追求更高层次的城乡协调或者融合发展之时，这种逻辑的互通就必然会再次成为我们关注的焦点和努力的方向。

由于长期的二元体制影响，我国城乡之间人口以及社会的变迁都具有许多刚性的特征，比如从乡村向大城市迁移背后所附着的城市身份和福利，这些“乡—城”流动的刚性特征无论是从形式还是内容上都对城乡之间的逻辑互通形成了不利的影响。

作为城乡变迁有机系统中的重要一环，小城镇无论是在空间节点方面，还是在承载人口迁移方面都具有很强的纽带和桥梁作用，因此要更好地打通城乡之间的逻辑互通，实现城乡要素均衡合理流动、城乡高水平的融合发展，我们十分有必要在城乡一体化的框架下对小城镇进行重新认识。

## 第一节 城乡一体化空间视角下的再认识

从时空视角来看，小城镇在城镇体系中的地位十分特殊，它具有大城市和乡村之间的过渡态特征，因此要讨论城乡一体化框架下小城镇的发展，首先可以从小城镇在城镇体系中的形成和演化特征来切入。

## 一、城镇体系的内涵

城镇体系(Urban System),通常指具有一定时空地域结构的城镇网络,它通常表现为“在一个相对完整的区域或国家中以中心城市为核心,由一系列不同等级规模、不同职能分工、相互密切联系的城镇组成的系统”。对城镇体系的研究能为该区域范围内合理分布社会生产力、合理安排人口和城镇布局、充分开发利用国土资源以及进行经济战略部署提供依据。这一概念最早在美国等国家被用于描述国家经济与国家地理。

西方国家对于城镇体系的研究较为丰富,如英国学者埃比尼泽·霍华德在其著作《明日的田园城市》中所提及的田园城市理念,就是较早的城镇体系雏形。他主张城市的建设要与乡村相联系,城乡要作为一个整体来对待,这一观点也为后续城镇体系研究奠定了理论基础。克里斯塔勒的中心地理理论也可以视为研究中小城镇体系层次结构的基础性理论。随后赫希曼的“极化-涓滴效应”理论、佩鲁的“增长极”理论、阿隆索以及弗里德曼的“核心-边缘模式”理论等都是城镇体系形成、运作以及发展的相关研究成果。

在西方城镇理论的影响下,中国学者也开始了相关领域的思考和探索。1945 年梁思成在《大公报》发表了《市镇的体系秩序》一文,他认为我国城市发展应秉承有机疏散的新概念。一个大城市的总体布局要成为多数小城镇(区)的集合体,使城镇发展成为有机的秩序组织体系,并在国内首次提出了“城镇体系”的概念。顾朝林(2005)对中国城镇体系也有着较深入和全面的研究。在《中国城镇体系:历史、现状、展望》一书中,他从城市地理学、城市经济学、城市规划等多学科角度,全面系统地论述了中国城镇体系的历史、现状以及未来,并提出了包括等级规模、职能类型、地域空间三个结构的体系。

## 二、小城镇在城镇体系中的空间节点地位

虽然由于时代局限,不同时期的学者们围绕“城市化空间形态、大城市以及小城镇在数量和空间上如何分布”等问题产生了很多的争论。但是,随着我国社会发展道路的逐渐明晰,不同等级、不同规模城镇间必须协调发展的理念已经成了共识。我国自“十五”计划以来有关城镇化战略的描述对此

都有高度一致的表述:“十五”计划纲要提出“走符合我国国情、大中小城市和小城镇协调发展的多样化城镇化道路,逐步形成合理的城镇体系”;“十一五”规划纲要提出“坚持大中小城市和小城镇协调发展,提高城镇综合承载能力”;“十二五”规划纲要提出“促进大中小城市和小城镇协调发展”。然而,在城镇化的实践中,由于各种原因,我国一些地区的城镇体系却没能按照国家规划所设想的那样趋向合理化,有的地方甚至出现了严重的失衡,其中一个突出的表现就是中心城市地位过重,粗放扩张,而小城市和小城镇由于产业发展和公共服务投入不高,导致吸纳就业和集聚人口能力不强,不同规模、等级间城镇网络结构两极分化,有机关联不足。因此,如何实现小城镇与大中城市的协调发展、如何开展空间布局、如何进行合理的职能定位仍然值得进一步讨论。

对此《国家新型城镇化规划 2014—2020》再次给出了明确的行动方针:引导发展城市群,严控“两大”——特大城市和超大城市,合理发展大城市,积极发展中等城市,创造各种条件激活“两小”——小城市和小城镇。最后形成由特大城市、大城市、中等城市、小城市和小城镇共同构成的有序分布、集中与分散相协调的新型城镇化发展格局。

以城市群规模的增长代替单个特大城市的过度膨胀,让“乡-城”人口的流动有更多的优化选择,无疑是我国新型城镇体系构建的最大亮点。以一个特大城市为中心,几个大城市和中等城市组成的城市群发展结构,不仅有利于周边小城市和小城镇的发展,也更有利于城乡统筹发展的协调。这就好比人体的血管循环,仅有几根主动脉通路,没有周边次动脉以及毛细血管的扩散支持,全身的经络就不会畅通。

从我国新型城镇体系最新的构建方针不难看出,小城镇是我国城镇体系上的重要基础环节。相比大中城市,小城镇往往处于城乡融合的交汇点,它们既是农村区域政治、经济、文化中心的载体,也是城市现代文明向农村扩散的节点,其承上启下的作用不言而喻。从城镇体系的空间网络构成来看,小城镇更能发挥沟通城乡、统筹城乡发展的重要作用。

事实上,小城镇的空间节点地位在许多一体化水平较高的发达国家都得到了充分印证。如英国卡迪夫大学教授于力在考察了众多英国小城镇后就曾如此描述:英国许多小城镇都是连接城市和乡村的有效纽带,这些小城镇都体现出了霍华德式田园城市的特征，即既接近了乡村自然景观，又具有城市基础设施与服务水平。它们通过经济与社会网络的流通和相互作用串联起了广大的农村和城市地区。这些小城镇的基本功能是服务的中心枢纽，并在此基础上得以多样化发展。比如，临近大城市的小城镇，由于较多依附于大城市，因此其自身服务功能相对较弱。但一些相对偏远地区的小城镇，则是为乡村腹地提供服务的中心，也是人们的主要集中居住地，比如在苏格兰地区，大约40%的人口就居住在这些规模2万人以下的小城镇。在发展定位上，旅游景区附近的小城镇往往是游客服务的中心，制造业聚集的开发区周边的小城镇则主要为附近的就业人员提供服务。在充分发挥小城镇的节点功能，错位发展的同时，英国的小城镇还十分注重特色保护，强调对自然环境、本地特色文化以及历史遗迹等具有休憩价值地区的保护。

从统筹城乡的角度看待城市发展的具体形态，小城镇和小中大城市相互促进、协调发展的现代城镇体系是城乡统筹的突破口，也是推动我国新型城市化进程的战略选择。以大城市为中心，带动中等城市发展，进一步辐射周边小城市和中心镇，并以小城市和中心镇为节点，带动城镇体系内农村、农业的发展，这是构建现代化城镇体系的基本要义。要达到区域内城乡一体化发展的高级阶段，必然要加快构建科学合理的城镇体系，这是大中小城市和小城镇协调发展的基本要求，也是新型城市化的基本前提。

## 第二节 城乡一体化要素流动视角下的再认识

### 一、城乡要素双向流动的意义

如何落实《国家新型城镇化规划（2014—2020）》所提出的“大中小城市和小城镇协调发展”的理念？对此，很多学者提出了“城乡双向开放的理念”，即走双向城镇化道路，促进城乡要素的双向自由流动。

改革开放以来，我国城镇化进程很快，但很多地方的城镇化还是表现出“单向城镇化”特征，即生产要素和各类资源由乡村、小城镇、小城市向大中城市和特大城市单向流动和集聚。当然,单向城镇化在一定的历史时期也是有着显著作用的,那就是通过要素和资源的向上汇集,使得我国在不长时间内便崛起了一批中心城市,其中不少大城市甚至可以与发达国家的大都市相媲美。但是遗留的问题也非常突出,那就是资源流失乡村衰落,资源匮乏导致中小城镇发展滞后。城乡要素向大中城市的单向流动会直接引发两类较为严重的社会问题:首先就是“浅城镇化”现象。大量的农业转移人口虽然进入了大中城市就业,但很多属于流动人口,无法真正获得城市社会的完全成员资格,无法享受相应的保障和福利。此外绝大多数进城农民工经济承受能力较低,无法承担携家迁入中心城市的高昂生存以及生活成本,因此在农村又引发了严重的“留守儿童”“留守妇女”“留守老人”等社会问题。其次,这种单向的城镇化还会导致城市中出现新的二元结构,使城乡之间的二元结构转变为城市中的二元结构,给社会治理和城市管理增添新的困扰。因此,无论从城镇化可持续发展,还是城乡融合发展的角度,单向的城镇化以及单向的要素流动趋势都必须得到改变。

## 二、小城镇在城乡要素双向流动中的作用

小城镇在促进城乡要素双向流动中的重要作用,主要体现为它有利于丰富新型城镇化的内容,改变城镇化通道的单一性,进而实现双向的城镇化。所谓“双向城镇化”,通常指依托城乡双向开放和城乡要素的双向流动,使包括广大农民工及其家庭成员在内的,具有不同经济实力的各阶层群众能自主通过相对应的城镇化通道,以就近就地为主的方式实现在城镇的就业和家庭的整体迁居,从而完成深度的市民化。同时也允许城市的原住民,依据自己的居住喜好迁移进入乡村或者小城镇居住。

与单向城镇化相比,双向城镇化为各类人口提供了可供选择的多样化城镇化通路。它主张城乡之间实现双向开放,城乡要素包括人口要素双向流动,而不再是农村要素单向流入城市。这种双向流通有利于农村地区引入城市要素,培育和发展一批有较强人口吸纳能力的小城市和小城镇,满足更多农业转移人口就近就地市民化的客观需求。

小城镇由于生活成本低,地域上与乡村更为接近,因此相比中心城市,转移人口迁居进入的生活以及市民化成本往往较低。只要有适当的就业岗

位，一定的公共服务配套，那么小城镇吸纳农业转移人口的能力将会得到极大的释放。在现阶段我国以城带乡、城乡融合的时代背景下，小城镇更容易受到大中城市产业的辐射带动以及国家公共政策的扶持，因此，上述所描述的小城镇就业岗位以及服务配套条件的假设完全可以实现。

小城镇在城乡要素双向流动过程中独一无二的优势地位，在欧美等发达国家早已得到了印证。众所周知，欧美等发达国家最初的城镇化也是人口由农村向大中城市的单向流动和集聚，但随着城市病的加剧和城市居住环境的变异，人口开始出现逆向流动，越来越多的人口先是由城市中心转移到郊区，再由郊区转移到小城镇。据有关研究统计，在美国仅20世纪90年代就有2000万人迁出大都市。截至2016年，美国200万人以上的城市只有4个，100万人以上的城市只有9个。《财富》世界500强中的美国企业至少有一半的总部在小城镇。美国一半的大学、大专院校、设计院所也都在中小城镇。德国的情况也非常地类似，截至2016年，全国人口超过100万的大城市只有柏林、汉堡、慕尼黑和科隆4个，绝大部分人口都分散居住在人口2万～20万之间的各类中小城镇。当然随着大量城市人口转移到小城镇，这些来自城市人口的投资和消费带动又极大地提升了小城镇的功能，带动了周边乡村的繁荣，成为推动小城镇发展和城乡融合发展的一股强大外来力量。

## 第三节　城乡连续统视角下的再认识

### 一、城乡连续统的内涵

“连续”是相对于“离散”而言的一个概念。原本作为数学领域的一个名词，连续统(continuum)通常指连续不断的数集。目前其含义越来越泛化，并且在社会学、心理学等领域得到了广泛应用。比如，国内学者据此进行了城乡关系的描述：城乡连续统(rural-urban continuum)是指由城、乡两极构成的社会系统，两极之间包含诸多节点，例如，都市、大城市、中小城市、小城镇、基层集市、村落社区等。其中每个节点既相互区别，又相互联系，既有城市性,又有乡村性,既是一种纵向历时性系统,又是一种网络化共时性[①]系统,从而构成一个自洽的社会网络系统。当前我国城乡二元结构问题的存在本质上是城乡连续统的断裂,城乡关系的失衡。

较早的城乡连续统思想其实可以从费孝通先生关于乡镇工业以及对应小城镇发展研究的理论体系中寻到踪迹。晚年时,他从中西方工业化与城市化发展道路不同的视角来研究小城镇,从而提出了许多对中国社会经济发展有着重要思想贡献的理论。

正如马克思所言,西方资本主义工业化道路是以农村的崩溃为起点的。工业化的过程也是城市与乡村相分离对立的过程,乡村的农业与手工业被城市大工业所取代,城市最终战胜乡村。那么,中国的工业化应该走什么样的道路呢?是西方国家工业化所走的城乡对立,还是另辟蹊径?对于这个问题,费孝通从乡镇企业与传统农业以及大城市工业之间的内在关联分析得到了启发:一方面,乡镇工业及其前身的社队工业,本身就是在人民公社集体农业积累的基础上发展起来的。社队工业从一开始就是为了增加农民收入的副业而已,是“以工业为手段的农村集体副业”。可以说,乡镇工业“支农、补农、养农”责任是与生俱来的内在要求,乡镇工业越发展,就越能够促进农业的综合发展。另一方面,乡镇工业与大中城市工业之间也存在紧密联结,社队工业的创办就来自于大城市工业的转移与知识青年的下放。改革开放后,城市工业由于规模扩大与升级而主动与周边乡镇联系,双方通过合资、部件外包、来料加工等方式形成了紧密的依赖关系,乡镇工业成了城市工业体系不可分割的组成部分,再加上由乡镇工业所催生的小城镇,两者紧密结合在一起,不但促进了当地的经济发展,更重要的意义在于开辟了中国工业化与城市化的独特道路。因此,依据乡镇工业以及小城镇的起源与发展,费孝通先生认为“工业与农业、城市与乡村”根本不是二元对立的两端,相反是一个相互协调一体的连续统:在工农关系上,乡镇工业将农业和

① 共时性与历时性通常指分别从静态与动态、横向与纵向的维度考察社会结构及其形态的两种视角。前者侧重于以特定社会经济运动的系统以及系统中要素间相互关系为基础,把握社会结构;后者侧重于以社会经济运动的过程以及过程中的矛盾运动发展的规律为基础,把握社会形态。共时性聚焦某一特定时刻系统内部各因素之间的关系;历时性聚焦一个系统发展的历史性变化情况,即过去—现在—将来,两者有着辩证统一的关系。

工业勾连起来，成就了中国特色的工业化道路；在城乡关系上，小城镇将农村与城市勾连起来，成就了中国特色城市化的新格局。工业与农业、城市与乡村处于同一系统之内，构成一个相辅相成、自然过渡、一体发展的连续统。

## 二、小城镇在城乡连续统中的重要地位

如何从上述表象上的城乡二元对立转变为城乡本质上的连续统，其实关键就在于与乡镇工业发展紧密相关的小城镇。小城镇正位于这一连续统的中心位置，在看似分离的两端架起了沟通的桥梁。因此，目前一些学者在重新解读城乡连续统时，往往将其视为一种“亦城亦乡、非城非乡、半城半乡”的社会形态，连续统的解读往往与小城镇紧密相关。在类型学的理论和方法框架下，城乡连续统通常指由城、乡两极构成的社会系统，这一系统中最重要的内涵就是连续的节点，节点的建设是实现城乡之间良性互动的前提和基础。这个节点在现实的时代背景下，不言而喻，通常指向小城镇。

可以说，起源于乡镇工业基础之上的小城镇正是农村与城市的中间过渡阶段，它既是农村的政治、经济、文化中心，又是大中城市向农村延伸，推动农村有形以及无形城市化的前沿阵地，还是中国特色农村就地城镇化的重要载体。补齐、做强节点地位的小城镇，构建完整的城乡连续统对于消解“城市(中心)-乡村(边缘)”的二元结构，防止人口向大城市过度集中引起城市化困境，避免乡村人口资源过度流失导致衰败和空心化都有着重要的现实意义。

# 第五章 小城镇与农村发展的互动

从我国新型城镇体系布局以及小城镇在城乡一体化框架各视角下的功能定位来看，小城镇一头连着城市，一头系着乡村①，因此它的桥梁、节点作用十分突出。我们所追求的城乡一体化应该是城市和乡村在共同发展基础上的一体化，而不是彼此都停滞不前的低水平的一体化。因此，在进一步综合讨论小城镇在城乡一体化过程中的“双边”桥接作用之前，十分有必要先分别讨论一下它与乡村以及城市的单边互动关系。

## 第一节 “新三农”问题的表现、预期、政策

在快速工业化和城镇化过程中，农村、农业和农民受到了前所未有的冲击，关于“农村人才流失、土地撂荒、环境破坏以及秩序崩塌”等现象的描述和评论常见报端，为人们勾画出了乡村“一片衰败”的悲观景象，甚至引发了人们对当前工业化和城镇化正当性、科学性的质疑。在诸多讨论中，“农村

① 党的十九大报告提出了“工业繁荣、生态宜居、农村文明、有效治理、生活繁荣”的 20 字乡村振兴战略方针。其中将“农村”的称谓在许多地方恢复为了“乡村”。二者间虽只有一字之差，但其背后却蕴含着中央战略的一种新思维。传统的“农村”更多指向农业生产、农业经济振兴之地，而“乡村”则跳出了这一单纯的生产部门的含义，更多地被视为一个社会组织载体、文化主体、伦理主体。乡村振兴不是追求单一的农业经济振兴，而是追求乡村一二三产业融合发展的系统性振兴，同时乡村振兴更加突出了地域概念。结合本书“城乡一体化”目标中乡村的地域性特征以及多维度载体特征更加明显，因此，在一些地方多采用了“乡村”的提法。但考虑到理论研究的习惯性和一致性，在不涉及有关战略方针倾向时，“农村”与“乡村”两种提法基本同义。

空心污染化”“农业边缘化”“农民老龄化”三大问题最为突出，可称之为新时期的“新三农”问题。如何科学评估当前农村的状况，正确认识“新三农”问题的根源，准确把握农村发展的走向，并提出化解“三农”问题之策，是事关中国农村、农业、农民发展的重大议题。

“新三农”问题本质上是工业化和城镇化过程中工农失衡和城乡失衡问题。在世界各国现代化历程中，工业化、城镇化对农业、农村和农民的影响都是普遍、重大而深远的。如何化解工农之间和城乡之间的矛盾、妥善处理工农、城乡关系，一直是一个实践难题。许多理论对工农失衡和城乡失衡问题存在不同的逻辑解释，甚至提出了一些完全相反的判断和结论。通常的观点认为，工农失衡和城乡失衡是工业化和城镇化过程中的客观现象，是一国发展中的一个历史性和阶段性问题。工农关系和城乡关系会随着工业化和城镇化演进而逐渐走向协调和均衡，比如费景汉、拉尼斯(1989)所提出的二元经济三阶段论，就强调了农村劳动力转移以及二元经济的改造受到人口增长速度、技术进步以及制度等诸多因素的影响，其过程复杂而漫长。再如佩鲁(1955)的“极化”理论，该理论认为城镇化是工业化的产物和表现，城镇的兴起及迅速扩张是人口、资源和技术聚集，规模经济效益充分显现的结果。由于既面临自然风险，又面临市场风险，因此农业的比较效益低，在工农业竞争中总体处于劣势地位，工农失衡和城乡失衡具有一定的必然性、长期性和合理性。

虽然刘易斯和佩鲁等学者对发展中国家在工农和城乡关系发展中的判断和主张不尽相同，但是他们从不同角度揭示了影响工农关系和城乡关系以及农村发展的经济根源和制度条件。二元经济模型强调了工业与农业、城市与乡村的资源禀赋差异以及经济社会发展的内在动力；“发展极”理论则强调了资源要素的配置以及经济社会发展的制度基础和条件。工农和城乡资源要素的配置不仅受到资源禀赋的影响，也深受特定社会经济制度的影响，比如城乡一体化政策，中小城镇的定位与发展政策。因此，我们在深入探讨小城镇发展之前，有必要对农村以及城乡失衡问题的一些现状和背后的根源进行梳理和讨论，从而为改革城乡发展的制度条件提供理论参考。

## 一、"新三农"问题的主要表现

### (一)"农村空心污染化"问题

农村"空心化"是城镇化过程中因农村人口空间分布变迁而衍生出的"乡村聚落空心化"和"住宅空心化"等一系列现象的统称。刘彦随等(2009)指出:农村"空心化"本质上是城乡转型发展过程中农村人口非农业化引起"人走屋空",以及宅基地普遍"建新不拆旧",新建住宅逐渐向村庄外围扩展,导致村庄用地规模扩大、闲置废弃加剧的一种"外扩内空"的不良演化过程。田毅鹏、韩丹(2011)则将农村"空心化"现象分为三种主要类型:一是位于城市边缘地带的村庄因人口迅速城市化而形成的近郊"空心化";二是远离城市的偏僻农村因人口大量流出而产生的远郊"空心化";三是在政府主导的村落搬迁过程中新旧村落之间未能有效衔接而形成的"空心化"。近些年来我国农村人口外流的数量非常庞大。《中国统计年鉴2015》中的人口统计数据显示,1995年我国农村人口数为85947万人,2015年农村"常住"人口数则缩减为60346万人,其间农村人口净减少25601万人。据2010年、2015年《中国城乡建设统计年鉴》中的统计数据,中国农村自然村数由2010年的2729820个减少到2015年的2644620个,平均每年约有1.7万个自然村消失。其中200人以下的自然村数从2010年的1311448个减少到2015年的1212396个,平均每年减少约2万个。这种自然村落的减少,一定程度上有城镇近郊"村改居""撤乡并镇""乡村合并"等社会系统工程的正面积极影响,但自然村落人口大量外流所导致的实质性空心问题仍是最重要的原因。在农村人口数和自然村数均逐年减少的背景下,我国的村庄用地却呈现出了完全相反的变化趋势,其中用地面积数从2010年的1399.2万公顷增加到了2015年的1401.3万公顷,住宅建筑面积数由2010年的242.6亿平方米增加到了2015年的255.2亿平方米。农村人口数量以及村庄用地面积的"一减一增"直观地反映了农村空心化的严峻形势。

伴随着农村混乱的用地以及落后的生产、生活方式,农村的污染问题也愈演愈烈。根据2012年环保部在全国试点检测的798个村庄的环境数据,试点检测村庄的饮用水源和地表水都受到了不同程度的污染。加上工矿污染压力、生活污染局部加剧、畜禽养殖污染严重,农村环境保护的形势表现得十分严峻。当然，造成农村环境污染加剧的主要原因除了工农业生产方面的因素以外，还有就是农村生活基础设施建设滞后，不完善不配套。由于缺少污水、垃圾集中收集和处理设施，污水随处排放、垃圾乱扔现象十分严重。

(二)“农业边缘化”问题

我国工业化和城镇化进程中二、三产业发展迅速，相比之下，农业在国民经济体系中的地位持续下降，这也引起了部分学者对于中国农业“边缘化”的疑虑。改革开放以来，中国农业占 GDP 的比重平均每年下降 0.5 个百分点。1978 年为 27.7%，到 2009 年则降到了 9.8%，首次低于 10%。近年来，我国农业增加值年均增长速度维持在 4%左右，也明显落后于二、三产业的增长速度。2015 年，我国的农业增加值仅占 GDP 的 8.9%，比 2014 年进一步降低了 0.2 个百分点，这些工农业产值、占比和增长速度的比较清晰表明我国农业的基础性地位受到了很大的冲击。虽然主要发达国家的经验表明，工业化过程中农业增加值比重下降是不可避免的，而且其最终占比也非常小，比如，2013 年日本农业产业增加值占 GDP 的比重为 1%，再如以大宗农产品出口闻名于世的美国，其农业增加值在 2018 年也仅占全国 GDP 的 0.8%。由此可见，随着工业化不断推进，中国农业增加值占 GDP 的比重还会进一步下降，这是一国工业化、城镇化不断深入的必然结果。但这种下降结果的合理性并不能掩盖下降过程中所存在的诸多问题。事实上，我国农业增加值占 GDP 比重的快速下降，既有上述合理的变动原因，也有农业被忽视、被边缘化的部分责任，其中重要的依据就是频繁见诸报端的“农民兼业化、农村土地抛荒”等现象。根据《中国统计年鉴 2016》的数据，中国劳动力农业就业人口数从 2000 年的 36043 万人减少到了 2015 年的 21919 万人，平均每年减少约 940 万人；2016 年中国农民工总量达到了 28171 万人，大量农村青壮年人口选择外出务工，农民兼业成为一个十分普遍的现象。相对于工业和服务业而言，农业生产收入相对较低且非常不稳定，导致不少农民在农业生产过程中普遍不愿投入时间和成本，粗放经营，甚至直接“抛荒”土地。

(三)“农民老龄化”问题

青壮年劳动力从农村流向城市，追求更高的务工收入，这是工业化和城镇化的必然结果，也是社会发展的一种必然趋势。在我国社会逐渐步入老年社会的大背景下，这一趋势无疑会给农村社会的人口结构带来更加严峻的冲击。根据《新中国成立70周年经济社会发展成就系列报告之二十》，截至2018年末，我国65岁及以上老年人口比重达到了11.9%，60岁以上比重达到了17.9%。这些结构性指标远远超过了联合国所提出的“一个国家或者地区65岁以上人口占总人口的比例达到7%，或者60岁以上人口占总人口的比例达到10%”的人口老龄化衡量标准。无论从哪个指标来看，中国已经开始步入了老龄化社会，新时代人口发展面临着重要的风险和挑战。

由于大量青壮年人口进城务工，农村地区的人口老龄化现象自然更为突出，一个直观的证据就是农村地区以老人为主要劳动力的“老人农业”现象十分普遍。根据《中国人口和就业统计年鉴2016》中相关数据推算，2015年，农村地区65岁以上老年人口所占比重为11.52%，城镇65岁以上老年人口所占比重为8.88%，农村明显高于城镇。农村青壮年人口的流出和以代际分工为基础的“半工半农”家庭生计模式的形成也让老年农民成了从事农业生产的重要力量。不合理的城镇化发展政策不仅让“农民老龄化”问题迅速凸显，也使农村传统“养儿防老”的家庭养老模式受到了严峻挑战，许多农村满是子女后代在较远城市务工或者安家落户的孤残老人。加之现阶段农村地区社会化养老服务体系非常薄弱，根本无法满足农村老人的需求。基层地方政府又普遍面临财政困难，难以大规模投入资金发展公共养老事业，所以许多农村老人晚年的生存状况十分堪忧。对于目前还具备一定劳动能力的农民工而言，其实也存在类似的养老困境。其中许多人为城市贡献了劳力、技术和税收，但受城乡二元体制的阻碍最终并未被城市接纳为市民，年迈病弱后被迫回到家乡，事实上也会成为农村社会和政府的“负担”，需要农村社会和地方政府投入更多的资源来解决他们的就业、医疗和养老问题。这无疑会进一步加剧基层政府的财政压力，使农村社会保障不堪重负。

当然农民老龄化只是从生产方面所反映出来的人口结构问题，由于人口在空间上的不合理迁移所衍生出来的农村留守儿童问题、老人缺乏关爱问题则表现得更加突出。由于青壮年劳动力自身经济状况的制约，加上大城市教育成本高企，许多的年轻父母到大城市打工期间，只能把那些仅有几岁或者刚满上学年龄的子女交由村中年事已高的父辈照顾。根据全国第六次人口普查数据，目前我国农村留守儿童数量已达6000万人。照看留守儿童的高龄老人大多文化程度低，身体状况差，在照看这些留守儿童时显然不如父母那样无微不至和有效。当然，除了生活学习方面的陪伴欠缺，这些长期脱离父母关爱的儿童更容易在情感方面发生扭曲。同样，一些留守老人在没有子女依靠、缺乏关爱，还要照顾留守孙辈和承包地的多重重压下，其身心健康状态大多也十分堪忧。“老人农业”衍生而来的留守儿童陪伴欠缺、老人关爱缺失等问题已成为我们城乡统筹发展过程中不得不面对的一个普遍性社会问题。

随着“农村空心污染化”“农业边缘化”和“农民老龄化”现象日益突出，人们对此给予了高度关注。不过不同的学者对于上述问题的发展趋势、产生的原因以及政策主张也存在明显的分歧。

## 二、“新三农”问题的结果预期

### （一）悲观预期——农村消逝、农业衰落

鉴于当前“新三农”问题日益突出的现象，不少学者对中国农村的未来发展表现出了深深的忧虑，甚至做出了悲观的判断。例如，贺雪峰（2015）认为，当前中国农村“人情恶性竞争、住房无序攀比、人际关系变得冷漠、赌博愈益普遍、地下宗教泛滥等问题，几乎涉及农村社会生产生活的各个层面”。

当然，这些悲观的预期还是能从现阶段我国农村、农业发展问题中找到一些依据。比如，传统村落的大量消失、农耕文化的快速衰落，不免让许多对乡村拥有深厚情结的人感到深深的惆怅和忧虑。许多人在面对农村经济衰败、田地荒芜和住房残缺等问题时大多痛心疾首。再加上农村劳动力的大量流失，农业生产过程过度依赖农药、除草剂等化工投入品，从而导致土地、水源等农业资源不断被破坏。因此，许多学者给出了中国农业发展将不可持续、农业的经济地位将被动边缘化的预测。在面对这些发展问题时，有些学者甚至将问题的根源指向城镇化，认为城镇化的最终结果只能是城镇兴起和乡村没落，不可能呈现城乡协调发展的一体化局面。

(二)乐观判断——新农村崛起、农业转型

与上述彻底悲观的观点相反,一些学者对中国"新三农"问题的解决及未来农村发展则持"谨慎乐观"的态度。他们认为随着工业化、城镇化和城乡一体化进程的推进,"新三农"问题在表面危机的背后其实孕育着难得的发展契机。他们将当前所面临的问题视为难得的转型发展机遇,认为许多长期困扰"三农"发展的问题可趁此机会走出困境。如党国英(2016)对学术界和媒体所渲染的乡村发展悲观论进行了直率的批评,认为对于乡村观察不能只是"悲情叙事"。改革开放以来中国农村的面貌已经发生了巨大变化,未来农村仍然会在深化改革的过程中获得新的发展。韩长赋(2017)也认为,随着农业供给侧结构性改革的深入、信息化农业技术的推广,农业从业主体也将面临新的变革,未来大家会渴求当农民,农村将成为稀缺之地。

这些乐观的判断自然蕴含着合理的逻辑推理。比如,村庄"空心化"问题从乐观的视角看也是新农村、新农业发展的一个契机。黄宗智早在2000年就指出,人口迅速增长与土地资源有限之间的矛盾是长期困扰中国农村和农业发展的一对基本矛盾,"人多地少"的现实导致"农业内卷化[①]"现象出现。不计劳动力成本,盲目强化对土地资源的开垦不仅会导致自然生态恶化,更不利于农业现代化的持续推进。因此,当前部分村庄出现的"空心化"现象既可以减轻长期以来人口过密对土地资源形成的压力,有助于恢复自然生态平衡,同时也能为农业科技的进步创造条件,促进农业生产效率的提高。再如,乐观者认为农村青壮年劳动力短缺问题在发展过程中也不是问题,而是机遇。该观点主张农村"剩余劳动力"的存在是制约农业生产率提高和技术进步的主要因素。二元经济模式下农村丰富而低廉的劳动力使农

① 内卷化理论(Involution Theory)内涵丰富,它通常用来与演化理论(Evolution Theory)或进化论相对照。该理论通常指特定的系统或者模式在达到某种最终形态以后,既没有办法稳定下来,也没有办法使自己转变到新的形态,取而代之的是不断地在其内部变得更加复杂。农业内卷化通常指农业发展到某一阶段达到一种确定的形式后,便停滞不前或无法转化为另一种高级模式的经济现象。传统农业就具有典型的内卷化特征,比如以过密的劳动投入为标志,这种内卷化就可以称为农业的劳动内卷化——由于农村劳动力就业渠道封闭,无法自由退出农业生产系统,因此导致其他农业生产要素比劳动的稀缺程度更高,因而农户选择以劳动替代资本、技术等其他生产要素。虽然当前我国农业已经摆脱了劳动内卷化的窠臼,但仍有可能陷入另一种内卷化。

业生产内部进行技术改进的动力不足，农村人口的持续外流恰恰为农业技术进步和农业生产率提高提供了机遇，有助于维持农村生态平衡，为农村可持续发展奠定坚实的物质基础。

### 三、“新三农”问题的政策取向

结合现阶段我国农业现代化以及新农村建设的巨大成果，“新三农”问题的悲观预期自然难以让人信服，相反谨慎乐观的判断应该更加贴近事实。工业化、城镇化的一些偏差和不足虽然恶化了“新三农”问题，但工业化和城镇化的改革式发展仍然应该是“新三农”问题解决的希望和契机。在面对问题时，将工业化和城镇化对农业农村发展的压力转变为动力，将挑战转变为希望，应该是我国新型城镇化战略的基本要务之一。

具体而言，新型城镇化政策以及城乡统筹政策保障下的城乡要素自由均衡流动应该是“新三农”问题解决的根本。传统的二元经济结构模型中，工农均衡和城乡均衡假设实际上是建立在城乡劳动力和资本自由流动的市场经济制度的基础之上的，该模型没有注意到一些发展中国家所缺乏的恰恰是成熟的市场环境以及有制度保障的劳动力和资本的自由流动，也忽视了工业化和城镇化发展本身受制于特定的经济、社会和政治制度，从而难以解释这些发展中国家不断加重的工农差别和城乡失衡长期存续的现象。

事实上，正是长期存在的二元制度以及对应的政策环境阻碍了中国城乡人口和资本的自由流动，不仅使农民失去了平等的发展机会，也制约了农业和农村经济持续发展。城乡二元化制度造成了大量农村人口滞留乡村，阻碍了农业生产率提高，加剧了农民兼业、土地抛荒和农业边缘化等问题。由于国家对“市民下乡”和“资本下乡”有着严格的限制，因此农村人口和资本仍然呈现出从农村向城市的单向流动特征。

从发展实践来看，自改革开放以来相当长的一段时期，我国城乡二元体制改革的重心在城市，即致力于打破城市的封闭性，鼓励农民进城并推动工业化和城镇化发展，但结合当前城乡统筹发展的新形势，众多的学者以及政策制定者都一致认同“乡村振兴”战略对于中华民族伟大复兴的重要意义。他们认为，当前以及未来一段时期，改革的重点应该是在农村，要着力破除农村的封闭性，推动城市人口、资本、技术和公共服务下乡，最终实现城乡之间要素的自由流动和公共资源的均衡配置，进而实现工农以及城乡协调发展。具体而言，总的政策取向主要表现在以下领域：

(一)明晰集体产权，允许"市民下乡"，为农村发展提供人力支持

中国城乡户籍制度具有双向封闭性，不仅农民难以进城，市民更难以下乡。长期以来我国农村集体经济组织与基层政治组织常常是身份不分的。农村集体资产的产权边界不仅决定了村民的村籍边界、身份边界和权益边界，也决定了农村基层社区的组织边界、权力边界、管理边界和服务边界。村民离开集体意味着集体资产权益的丧失，因而大多不愿轻易放弃集体资产。这种兼有政治以及经济制度特征的安排直接造成了大量农民"离乡不离土"，"闲置"的农村土地难以得到充分利用，土地的流转以及规模经营问题层出不穷。同样的，由于涉及集体产权或集体福利的权益，外来人口也是难以顺利进入农村社区的。这种集体产权制度的刚性约束无形中阻碍了农村内部以及城乡之间人口的自由流动，导致人口从农村向城镇的单向流动，加剧了"农村空心化"。因此，必须深化农村集体产权制度、户籍制度、基层组织体制和公共服务体制改革，实行"政经分离"。这就需要进一步明晰农村集体产权，推进农村集体经济股份制改造，实现农村集体经济组织与村民委员会组织的分离，推动农村集体经济组织产权独立、自主经营，走向市场。在明晰并稳定集体产权的基础上剥离农村居民户口对农村集体土地、集体经济和集体福利的依附关系，为农民自由流动和"市民下乡"创造条件。

比如近些年来，浙江温州农村大力推进"三分三改"改革，即通过股改、地改和户改，实现"政经分开""资地分开""户产分开"，在产权明晰、村民自愿的基础上，构建新型农村合作经济组织和新型土地股份合作社，确立农村合作经济组织独立自主的产权和经营地位，将原来由村集体经济组织承担的社会管理和服务功能转由政府和社区组织承担，从而理顺农村基层的"政经关系"。改革一方面明晰并保障了农民的产权权益，另一方面使农民社区化和居民化。社区居民自由进出社区与集体产权无关，同时他们也能平等享有社区的公共服务，从而为城乡人口双向流动奠定制度基础，促进社会和社区的融合。在宏观政策的鼓励和支持下，我国许多城市和地方已经出现

了一大批市民下乡生活的情况，即有一定经济能力，又追求田园生活情趣的城镇居民，利用农村空闲农房和土地等资源，到乡村休闲养老或者发展休闲经济，实现生活与经营、居住与休闲的和谐统一。

总之，城乡人口自由流动不仅能为农民市民化提供便利，为农村土地资源流动和规模经营创造条件，同时又有助于“市民下乡”，改变农村人口向城市单向流动的局面。“市民下乡”可以为农村发展提供人力、智力、资金和技术支持，也可以促进农村养老、休闲和服务等诸多产业的发展，为农民增收创造机会，为农村发展提供持续动力。

（二）稳步放开农业市场，允许“资本下乡”，为农业现代化提供资源支持

农业现代化不仅要求人口和技术的自由流动，也要求资本的自由流动和金融资本的支持。长期以来，中国农村土地难以流动，导致宝贵的土地资源大量沉淀，难以实现其资产和资本的权能；同时，大量的人口和资金从农村向城镇单向流动，这些都导致农村资本的严重匮乏。不仅如此，迄今仍有不少人将“资本下乡”视为“洪水猛兽”，一些政府部门也对“资本下乡”严防死守。一些人不仅担心资本与民争利，导致农地的非农化，也担心资本扩张对小规模经营农户的控制。比如贺雪峰就认为“工商资本下乡种田，势必与农民争利。资本种田，雇工经营，必是粗放经营。工商资本为了追求利润，势必在土地上进行非粮化甚至非农化的尝试。全国大部分工商资本进入农业领域圈地，本来就不是为了种粮食，而是要种高价经济作物，甚至是为了发展观光农业，搞房地产业。工商资本下乡还可能造成‘资本与权力结盟’，瓦解和控制小农经营”。事实上，工商资本作为一种经营资本本身无关价值评判，其正当与否的关键在于工商资本的行为以及利用方式。现实中，工商资本进入农业和乡村的确可能会发生农地非农化和对小规模经营农户的控制等风险，但这些都不应该成为否定工商资本进入乡村的理由。这正如刀存在杀人的风险，但这不应成为我们拒绝在日常中使用刀的理由。这些风险完全可以通过法律和制度予以规避。比如，农地非农化可以通过制订农地利用规划进行防范；资本与权力结盟可以通过政经分离和政策公开等制度进行监督；资本对小规模经营农户的控制可以通过产权制度、分配制度以及管理制度来约束。总之，在农业和农村生产经营中应实行“管住规划、放开市场”的政策：对农业生产、土地利用和农村产业布

局制订专门的规划进行引导和调控，对于合规的农村建设和农业生产项目则应放开市场，允许农村内外各种主体和资本自由竞争和进入。“管住规划、放开市场”不仅有利于农村土地等资源的自由流动和合理配置，也有利于吸引“资本下乡”参与农业市场经营，从而推动农业产业化、规模化和现代化发展。

(三)促进“多元供给”，鼓励“服务下乡”，解决医疗养老之忧

“农民老龄化”后出现的养老困境是农村养老服务供给不足的直观表现。究其原因，一方面是农村市场化服务有效供给不足，另一方面是城乡公共服务资源分配不均。传统城镇化背景下，农村青壮年人口的持续外流导致传统的“养儿防老”家庭养老模式难以为继，因此农村的养老体系建设就显得尤为迫切。农村公共服务的缺失一定程度上是导致农村人口向城镇持续外流的重要原因之一，因为城镇才有较好的医疗和服务资源，而农村人口的持续外流又会进一步弱化农村公共服务的供给，两者之间存在恶性循环。当前我们迫切需要进一步加大农村公共服务投入，推动“服务下乡”，加快城乡基本公共服务一体化建设，为农民提供养老、精神抚慰等公共服务保障。这样既可以较低层次地守住农民的生存底线，也可以确保公民的权利平等底线。在任何社会中，财政供给以及公共资源都是稀缺资源，单纯依靠国家投入建立公共服务体系是难以充分满足农民多样化且日益增长的服务需求的，因此，在鼓励市民下乡、资本下乡的同时还应引导发展多元化的社会服务体系。比如农村可以在支持传统家庭养老的基础上，鼓励社会化养老设施的建设，不断开发社会化和市场化养老产品，为农民提供多元化、多层次和便捷可及的养老服务。

总之，“新三农”问题在中国改革发展的进程中将长期存在，它不仅有特定的历史背景和经济根源，也是我国城镇化、工业化特定阶段城乡矛盾冲突的具体表现。“新三农”问题既是历史的挑战，也是历史的机遇。改革城镇体系结构，消除阻碍城乡互动的体制障碍，实现城乡人口、资本、技术等要素的自由流动应该是“新三农”问题解决的重要前提条件。小城镇在推动要素的双向流动，在均衡医疗养老等公共服务体系方面有着得天独厚的地理和制度优势，因此它的布局和发展对于农村社会有着重要的意义。

# 第二节　小城镇对农村发展的作用

作为我国行政体系中最基本的社会单位，村庄大多不是孤立存在的，它们都存在于小城镇这个社会、经济、文化、生态空间范围内。在城乡二元视角下，农业是弱势产业，农村是弱势地区，农民是弱势群体。农业、农村、农民问题不能局限在它们内部去解决，而必须放在城镇化、工业化的框架下去分析，这点在我国长期的发展实践中也已得到证实。城镇体系中的小城镇通常内生于农村，服务于农村，扮演着“农村非农产业服务平台，农村社会事业扩散阵地”等重要节点功能。结合上述“新三农”问题的政策选择，现将小城镇的作用从经济、社会、环境等方面归纳为以下几点：

## 一、小城镇对农村经济的作用

### （一）为农业劳动生产率的提高创造了条件

在讨论如何提高农业劳动生产率时，传统研究大多着眼于微观层面，如农业劳动者技术水平提升、种子改良、农业生产工具改进、农业科研成果运用等。这种微观视角的研究自身没有问题，但存在很大的局限性，甚至会进一步加剧“农业内卷化”现象，即整个农业系统都是在其内部不断进行着低水平、低层次的“自我战胜”，而没法进化到更高级的状态。微观的视角往往会忽视对农业劳动生产率产生重要影响的制度、社会条件等宏观因素，而事实上，对于发展中国家而言，这些或阻碍或促进农业劳动生产率提高的宏观因素往往更为重要。一个最直观有力的例子就是中国 20 世纪 80 年代初期所进行的农业家庭联产承包责任制改革。这次改革有效破除了农业生产领域“一大二公[①]”的旧体制，推行个人付出与收入挂钩，极大激发了农民的生

① “一大二公”的描述出自 1958 年 9 月 3 日的《人民日报》社论《高举人民公社的红旗前进》，其主旨意思是对人民公社特点的概括，“一大”是指人民公社规模大，便于进行大规模综合生产建设；“二公”是指人民公社相比先前的农业生产合作社更加公有化。

产积极性、解放了农业生产力。目前，我国农业劳动生产率的提高同样面临着一些不利的宏观制度性因素，主要表现为：农业要素以及农产品市场不健全，没有城乡一体化的市场环境；农业产业化、专业化水平较低，没有城乡一体化的产业体系。对于这些问题，中小城镇所创造的城镇化条件也许是宏观制约性因素改善的重要手段。

1. 提高农业要素以及农产品市场效率，促进城乡市场环境的一体化

纵观发达国家的农业发展历程，不难发现，其农业劳动生产率达到较高水平的一个重要条件就是农业要素以及农产品市场的全国一体化，以及与之相匹配的高度发达的物流体系的全国一体化。这些发展条件的形成，至少要从以下几个方面得到城镇化功能的有力支撑：

第一，农业要素配置的城乡一体化。这里的要素借用西奥多·舒尔茨的广义概念，它不仅包括传统的生产要素，还包括物质资本的技术状态、劳动技能以及科技与知识。广义农业要素的一体化，意味着除了传统的农业要素配置实现全国一体化之外，至少还要在农业科技人才、资金等要素领域实现城乡间的互通，如农业科技产品全国性市场定价的实现；承担农业科研成果扩散的组织机构和学习性的农民组织系统的建立；农业服务型金融资本的全方位覆盖等。要实现上述各项要求，较高程度的城镇化条件保障是显而易见的。没有中小城镇农业要素聚集、分散功能的支撑，农业要素配置的城乡一体化很难实现。

第二，农业与农民消费的高度商品化。这一过程对于农业劳动生产率的提高更多表现为一种间接作用，即农业的专业化分工程度不断提高。专业化分工是提高生产效率的重要手段，也是增加社会财富的有效方法。亚当·斯密在《国富论》中曾有这样一句名言："请给我以我所要的东西吧，同时，你也可以获得你所要的东西。"其中所蕴含的专业分工的思想无疑是我们现代社会一、二、三产业效率提升的重要理论依据。在一个封闭落后、自给自足的农业生产体系中，劳动生产效率的提高是很难实现的。各种农业要素以及农产品的价值无法得到充分体现，也就无法有效引导和激发各种生产技术的改进、生产经营体制的变革。要实现农业与农民消费的高度商品化，无疑要有一个发展程度较高的农业要素市场和农民消费市场作为支撑，即农民可以在市场上高效地采购到农业生产所必需的各种农资物品，同

时也可以购买到各种生活商品，包括维持自身生活的各类农产品。同样，这些发达的商品和要素市场一定也是需要城镇化，尤其是农村空间半径较小范围内的中小城镇作为支撑条件的。

第三，农产品和要素市场物流体系的高效化。上述农业要素在全国范围内的高效配置以及农村生产消费的商品化无疑需要较为完善的物流体系作为配套支撑，从而将专业化所创造出的效率完全释放出来。而这种现代化的农村物流体系同样需要小城镇所具有的城镇化功能作为支撑。高效的农产品市场往往会形成这样一种格局，即农产品首先由生产地运往集散地或批发市场，然后再由集散地或批发市场运往全国或世界各地。这些农产品不只是销往城市，其中一部分农产品还要返销到农村，因此，在农村地区也要有一个发达的销售网络与之相配套。当然这一网络不仅包括有形的物流体系，也包括无形的市场体系建设，比如全国性的农产品期货市场建设、现货批发与零售市场的高效对接制度建设，只有这些条件得到充分满足，农产品以及生产要素才能够迅速地完成合理定价，实现市场的均衡。要使农产品市场达到上述较为理想的状态，就必须有农产品流通、交易物流、仓储服务等软硬件条件的支撑，有相应的网点设置与服务配套，而这些正是中小城镇农业生产服务功能的重要内容。此外，与工业生产不同，农业生产在要素配置等方面还有其特殊性，比如，农业生产所依赖的耕地、水源等要素往往是不可移动的，农业生产通常在一个较大的空间范围内进行，因此一些生产要素还必须配置到田间地头，这就更需要呈现为网络节点状态的小城镇作为支撑。

从以上分析可以看出，无论是农业要素配置的城乡一体化，农业与农民消费的商品化，还是农产品和要素市场物流体系的高效化，这些能够促进农业劳动生产率提高的方方面面，都是以一定的城镇化功能供给为条件的。大量的农村社会调查显示，那些城镇化服务功能很难覆盖的农村偏远地区，由于市场服务缺乏，物流体系不健全，其资源配置的效率普遍比较低，生产生活落后。要想改变这些地区贫困以及落后的现状，仅仅依靠“村村通”来改善硬件上的运输条件是远远不够的，而应该通过提高城镇化功能供给，利用其周边小城镇的辐射和带动作用，促进地区要素市场、资本市场体系的完善和建设，最终实现与全国性市场体系的对接。同样的，有了较为完整的市场体系和机制支撑，这些地区的交易定价才会更加高效顺畅，外界的资金、人才和技术等要素才可能被"独特的优势"吸引而大量进入，有了这些"经济造血干细胞"，这些地区的快速发展就是顺理成章的事情了。但令人遗憾的是，现阶段我国部分地区农产品运输难、销售难、进城难的现象还是比较普遍，这也足以说明我国在城市规划与建设方面，对于中小城镇的重视不够，没有形成城镇体系中"大血管"带动"毛细血管"，促进农村经济发展的良好局面。

2. 为农业的产业化、规模化发展创造了条件

中小城镇所蕴含的市场、物流等城镇化功能不仅是农业生产效率提升的重要助力剂，同时也是农业产业化、规模化的重要助推剂。这一作用过程主要依托以专业农产品为核心的一、二、三产业的融合发展，以及由此引发的产业集聚和农产品的工贸一体化来实现。

农业产业集聚主要指农业前、后向产业的地理集中。产业聚集能够使农业生产在许多方面享受到规模经济和产业协作机制所带来的效益增值。比如，在固定资产投资、专业化设备的使用、技术的引进、生产资料批量购买、产品运输等方面都会形成规模经济。农业的这种规模经济对配套的农业服务业、农产品加工业以及商贸业等生产、中介机构都能产生很强的吸引作用，促使它们在农业专业化区域内形成产业集聚以及良好的协作关系。进一步分析这种作用机理，不难发现主要有三个方面的原因：第一，它能够满足相关企业批量和规模化经营的要求；第二，当许多买方和卖方集中形成大宗交易时，有利于克服信息的不对称，降低交易成本，提高市场效率；第三，能够形成密切的产业协作机制。所谓的产业协作机制是指农产品生产加工和销售过程中，包括要素供给、生产性服务在内的产业间能够形成良好协作的运行机制，也就是众多企业在规模经济下所形成的互利机制。

农业产业化的另一个重要表现是专业化农产品的农工贸一体化。农工贸一体化可以给农业发展带来两个益处。一是，它可以增加农产品的附加值，并能够使农产品的增加值在农工贸之间合理分配，改变以往那种初级农产品销售模式中，利润被流通环节野蛮掠夺的局面；二是，稳定的农产品销售和市场份额也在一定程度上降低了农产品生产的风险。农工贸一体化通

常由各类农业合作组织主导完成:首先是专业化的各类农业生产者开展规模生产,并组建农业合作组织,其次农业合作社又以不同的方式组建农工贸一体化的产业集团,最后在产业集团内部形成密切分工协作的各种各样的服务性组织与机构,逐渐建立起发达而有效率的销售体系以及一定实力的研发体系。这些生产、销售、技术服务的网络体系都深入延伸到城市和农村的各个地区。显而易见,要建成这样的企业和集团,工贸一体化体系水平较高的城镇化自然也是必要的支撑条件。

良好的城镇化功能是农业劳动生产率得以提升,农业产业化、规模化得以实现的必要条件。反过来,农业自身的产业升级和现代化发展也是推动农村中小城镇发展的重要力量与形式之一,二者间相互作用。比如,现实经济中,如果农业专业化、产业化发展所引起的产业集聚是围绕着一种或几种特色农产品进行的,那么只要规模足够大,它就会在高效率产业支撑体系的基础上聚集企业、人口,从而发展成为农业专业化产业区,而这正是中小城镇中许多特色农业专业镇的发展逻辑和路径。

小城镇持续融合城乡市场,提高市场效率,推动农业产业聚集和农工贸一体化,进而最终促进农业劳动生产率持续提高的内在机理可以总结为图5－1。

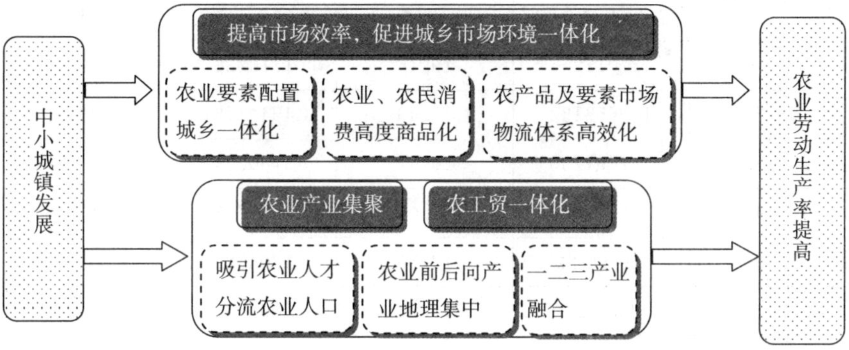


图 5－1 中小城镇推动农业劳动生产率持续提高的机理图

### (二)为农业劳动力质量水平提升提供了保障

二元经济下的劳动力转移遵循的是择优转移逻辑,即在农业与非农产业效率以及对应工资存在较大差距的情况下,农业中优秀的劳动力优先转移出来，留下来的弱势劳动力或辅助劳动力则继续务农。这种转移模式的持续结果必然是农业劳动力越来越弱化，农业产业升级发展所需要的高质量人口越来越匮乏，大片的耕地要么撂荒，要么无法有效耕种。这些情况在前面"新三农"问题讨论中已有充分说明，人们常用"386199部队""老人农业""妇女农业"这样的戏言来形容我国农业劳动人口和的弱势状况。

2010年我国开展的第六次全国人口普查所获取的相关数据也能予以佐证，具体见表5-1所列。以年龄构成分析为例，其中0～14岁人口，农村地区的占比为19.16%，而城市外来常住人口中占比为10.04%，农村地区的比例是城市的1.9倍；60岁以上的人口，农村地区占比为14.98%，而城市外来常住人口中占比为6.07%，农村地区的比例是城市的2.5倍。留守农村人口中，老人和儿童占比都远远高于转移进入城市的人口，这一数据无疑直观地印证了农村劳动力的弱化趋势。在城乡劳动力转移逻辑以及模式没有根本变化的情况下，我们有充分的理由相信，2020年第七次全国人口普查的数据会呈现出更加严重的城乡人口年龄结构失衡问题。

**表5-1 中国城市外来常住人口与农村人口年龄构成**

| 年龄段(岁) | 农村人口数量以及占比 | | 进城人口数量以及占比 | |
|---|---|---|---|---|
| | 农村人口(人) | 构成(%) | 进城人口(人) | 构成(%) |
| 0～14 | 127012966 | 19.16 | 17122238 | 10.04 |
| 15～24 | 102653122 | 15.49 | 45493781 | 26.69 |
| 25～39 | 137461736 | 20.47 | 57600248 | 33.79 |
| 40～49 | 112932480 | 17.04 | 26867133 | 15.76 |
| 50～59 | 83441722 | 12.59 | 13040268 | 7.65 |
| 60岁以上 | 99303297 | 14.98 | 10341010 | 6.07 |
| 合计 | 662805323 | 100 | 170464678 | 100 |

(资料来源：中国2010年第六次人口普查资料)

当然，除了年龄构成上所反映出来的体力上的弱化，农业劳动力智力方面的弱化也是十分明显的。还是以第六次全国人口普查的相关数据为依据，进行一个农村留守人口与进城人口在文化程度上的简单类比，具体见图

5－2所示。在教育程度方面，小学及以下文化程度的农村人口占到了45.3%，而进城人口则仅为16.06%，前者是后者的近3倍。有大专及以上学历的农村人口仅有2.06%，进城人口中这一比例则达到了17.89%，远远高于农村留守人口中的比例。

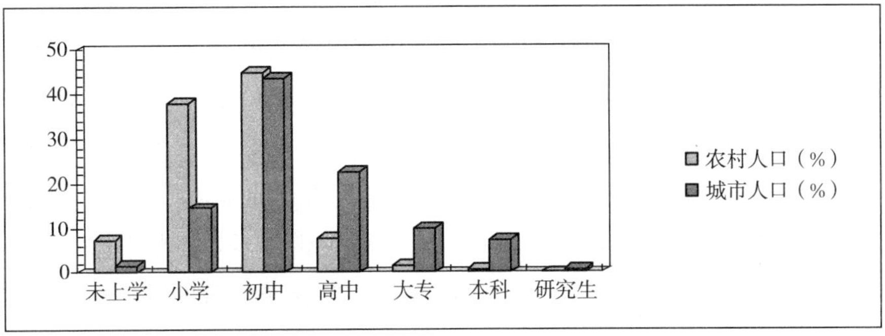


图5－2　中国城市外来常住人口与农村人口文化程度构成

（资料来源：2010年全国人口普查资料）

表5－1，图5－2中农村人口与城市外来常住人口在年龄结构和文化结构上的简单对比直观地显示了农业发展所遇到的劳动力问题：一是文化程度低的人口所占的比重太大；二是老人与儿童所占的比重过高，人口负担过重；三是农村受过大学教育的人口都转移留在了城市。因此在进入转型发展阶段后，如何提高农业劳动力的素质、改善农业人口的弱势状态，就成为我国农业现代化发展不能回避的一个问题。一般来说，解决这一问题需要从三个方面着手：一是要解决人才回流农业的问题，即如何才能吸引优秀农业劳动力、农业科技人员流向农业，并在农村村镇地区安家落户；二是要建立提升农业劳动力素质的有效机制，即建立短期培训、职业教育与高等教育相结合的农业人才培养体系，构建学习型的农业劳动力队伍；三是努力构建能够使人口和劳动力在城乡间实现双向流动的机制。以上三项措施的根本目的是改变农业、农村在劳动力与人口流动上的“洼地状态”，使优秀人才流向农业、农村成为一种常态。要实现上述三方面的要求，最根本的举措就是要确实提升农业居民生活、工作和学习方面的城镇化水平，使他们能够获得与大城市居民大体相当的公共产品供给，这其中包括较好的上学条件、优良的医疗资源等等。只有这样的城镇化服务功能

配套到位,“人往高处走,水往低处流”所造成的城乡劳动力差距才会消失。农业发展在劳动力资源的获得上,才能与其他产业获得同等的环境与条件。

毫无疑问,合理运用城镇结构,尤其是小城镇与大中城市协同构建的网络结构是满足农业居民城镇化供给要求的最基本也是最有效的方式。当然这并不是说所有农业居民都必须居住在中小城镇,只要其居住地处于小城镇的快速交通圈内,并具有基本的基础设施条件,能够较快地获得不同级别城市的城镇功能辐射便能满足这一要求,如图 5-3 所示。其中的小城镇除了自身能够提供一些简单供给外,更重要的是,它还负担着城市体系供给转移或传递的任务。农业人口的城镇化绝不是简单形式上的人口扎堆,他们也可以适当分散在农庄、村庄。在合理运用村镇结构的前提下,农户不仅能够获得良好的城镇化供给服务,而且能够最大限度地优化空间资源配置。

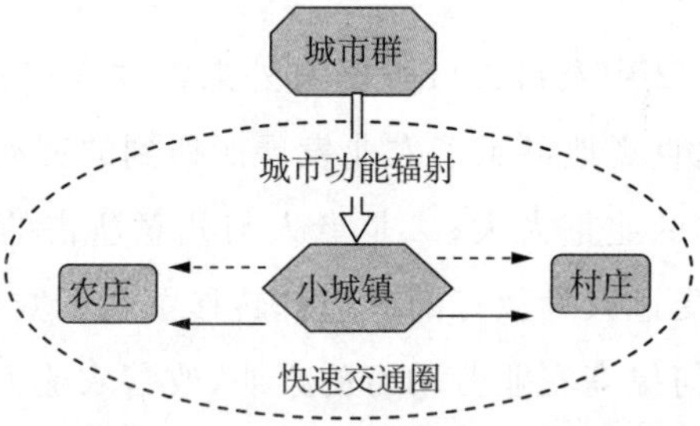


图 5-3　农业居民城镇化功能获取结构示意图

(三)为农村人口的分流发挥了重要作用

我们知道农业劳动生产率的持续提高是以农业人口能够不断转移出去为前提的,也就是以城市化的人口分流作用为前提的。在城镇化的早期,由于城市大工业的快速发展,城市非农产业吸纳农村剩余劳动力这一过程进行得较为顺利。然而,随着城市非农产业的过度饱和或者升级发展,这一过程所潜在的矛盾就会逐渐显现,劳动力转移即人口的城市化很容易陷入停滞的状态。内在的原因可以从以下逻辑思路来理解:随着城市资本密度的不断提高,资源的价格也会随之上涨,进而引发与土地密切关联的地租和房价的上涨,加上污染治理的成本日益提高,大城市产业的就业与人口吸纳能力呈现出收缩之势，农村剩余劳动力转移要求与城市吸纳能力之间的矛盾也因此而产生。

上述矛盾还会因为人口结构的原因而不断强化：一方面大城市产业升级不断深入，城市化对转移进入的劳动力和人口素质的要求越来越高，另一方面随着青壮年等高质量劳动力人口转移不断进行，后续转移的人口质量将越来越弱势化。一边是转移人口的需求质量越来越高，一边是转移人口的供给质量越来越差，两方面叠加在一起，农业人口转移的矛盾就日益严重。如果再考虑到发展中国家的工业化体系不可避免地处于国际产业链的较低层次，国际市场的萧条和衰退很容易造成就业状态的恶化，这也会激化农村人口分流的矛盾。矛盾的恶化无非就是两种结果，要么农业剩余劳动力转移受阻，农业发展停滞，要么勉强转移出来的人口在大城市形成贫民窟式聚集。

当然，对于一些人口相对较少的经济体或国家而言，这种深思和忧虑很可能是杞人忧天，因为它们有可能借助一次国际经济的大繁荣就能顺利解决上述劳动力转移与人口城市化的矛盾问题。如我们周边的韩国与日本的成功转型就属于此类情况。但对于像中国这种总人口尤其是农业人口基数庞大的国家而言，这种幸运是不存在的，它必须依靠自身的力量和智慧来解决这一矛盾。其中一条可行的路径就是先通过发展中小城镇将人口转移出来，为农业劳动生产率的提高提供规模化、机械化等条件，同时又可以避免过多的转移人口“一窝蜂”式地拥入大中城市形成贫民窟。转移成本和门槛障碍低很多的中小城镇一方面可以构成我国城镇化体系的有机组成部分，另一方面，未来我国城镇化层次和水平的提升完全有可能在原有的中小城镇的格局上得以实现。因此，中小城镇的人口分流作用是保证农业劳动生产率持续提高以及城市化健康可持续的重要条件之一。

实际上在我国近20年的农村剩余劳动力转移中，小城镇已经发挥了很大的人口分流作用，具体如图5-4所示。从图可以看出，2005—2015年10年间，全国地级以上城市城区户籍人口平均增长了10%，县城户籍人口平均增长了40%，调研小城镇镇区户籍人口增长率平均值为38%。其中广义小城镇（包括调研小城镇和县城）的户籍人口增长率要远远高于城市市区。

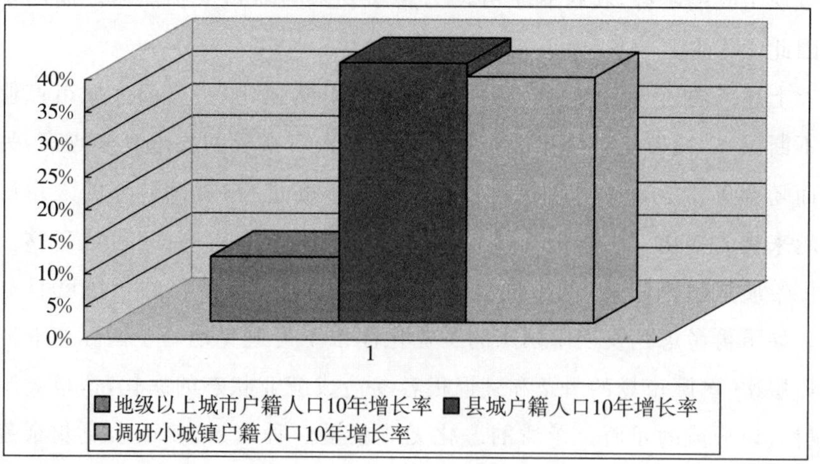


图 5-4　2005—2015 年 10 年间不同区域人口变化情况

（数据来源：2016 年住建部《全国小城镇详细调查》课题）

## 二、小城镇对农村社会的作用

### （一）有利于提高农村整体文化素质

加快发展农村教育、技能培训和文化事业，培养造就有文化、懂技术、会经营的新型农民，是建设新农村的一项核心内容，也是解决"三农"问题的重要途径。小城镇作为农村一定区域内的政治、经济、文化中心，在丰富农民的精神文化生活，促进农村科技、教育、文化、卫生等各项事业的发展，提高农民的教育水平和整体素质，改变农民的生活方式、思维模式、价值观、消费观，转变陈旧观念等方面具有不可替代的重要作用。首先，小城镇可以成为农民培训的集散中心。在小城镇举办各类培训活动，用函授、电化教学的方式，或者利用小城镇的便捷条件统一召集安排一些有潜力的青年农民出去培训学习，是有效提高农民科学技术水平和工作能力的重要途径，而且学习住宿的成本低廉、成效显著。其次，小城镇的集中居住还能有效改变农村一些落后的生活方式和盲目攀比的风气。事实上改革开放以后，随着市场经济对农村社会的冲击，农村原来那种主要依靠血亲和宗族关系所形成的互帮互助的邻里关系也逐渐消亡，相反盲目攀比、邻里间嫉妒仇视等社会氛围越来越严重。小城镇的兴起则能有效缓解农村社会秩序进一步恶化的趋势。农民转移进入小城镇后，他们就会逐渐学会用法律或者契约的一些手段来保护自己的合法权益，用市政管理中各种明确的管理规定以及较为和谐文明的方式协调与街坊邻里的关系。最后，小城镇有利于农民接受现代文明的洗礼。小城镇是农村的政治、经济、科技、文化中心，是经济活动的前沿阵地，也是现代文明的载体，更是构建和谐社会的舞台。农民进入小城镇后，会受到城镇现代文明的熏陶，接受现代生活的洗礼，养成与现代文明、现代社会相适应的文明素质和价值观念，完成农民向市民的本质转变，促进城乡居民文明素养、价值观念的融合和一体化。因此，无论从什么角度看，小城镇建设尤其是小城镇文明生活的拓展和延伸都是提高农民文化程度和综合素质，推动农村社会主义精神文明建设，推进农村社会进步的重要手段和措施。

(二)有利于新农村建设的稳定推进

如何顺利转移农村剩余劳动力是新农村建设所面临的最大难题，也是农村社会保持稳定可持续发展的一个重要要求。然而，我国农村剩余劳动力转移始终面临着一种尴尬，那就是农民工难以在打工城市，特别是大中城市定居下来，融入城市生活当中，真正转变为城市居民。绝大部分农民工仍然过着“抛家弃子”，被迫在城乡间长途迁徙的生活，进而在农村造成了一些很严重的养老困境以及留守儿童问题。当然这些社会现象的原因是复杂的，其中不仅有户籍制度原因，还有城乡经济差距等原因。比如有研究明确指出：预期工作收入、工作年限和城市房价已经成为农民工在城市定居的三个难以逾越的经济因素。在向大中城市转移存在巨大障碍，而人口转移又必须持续推进的双重压力下，向小城镇转移农村人口、减少农业劳动力的总量无疑就是当下改变我国农业生产效益低下的根本措施。农村剩余劳动力向城镇二、三产业转移，可以为农业适度规模化、现代化创造最基本的条件，也能为新农村的建设创造良好的社会、经济环境。

事实上，近四十年来，我国小城镇在充当“人口蓄水池”这方面功能十分显著。大中城市周边的农村不断被郊区化、郊区小城镇不断被街道化、农民不断被市民化。这一城市化过程是改革开放以来我国农民实现城市人理想的最主要途径。相比大城市，直接移居到小城镇成本往往比市区低，户口办理相对容易。农民觉得在这样的小城镇生活不仅可以类似城里人享受城市功能服务，而且满足进一步成为大中城市居民的预期，所以他们纷纷选择到这类小城镇安家落户。小城镇在人口转移上的巨大弹性，能有效避免农民盲目涌入省内外大中城市，给城市管理和就业带来巨大负担，另一方面也能为新农村建设提供良好的外部环境。

### 三、小城镇对农村环境的作用

当前我国的环保事业受到全社会的共同关注，但很多人都忽视了一点，那就是农业农村的污染问题应尽快引起重视，并给予足够的政策干预。原因很简单，农业农村污染最终会传递形成农产品和食品污染，会大大增加城乡生态环境的整体脆弱性，所以，农村生态环境的治理应该是我国环保事业的一个重要领域。由于农业农村涉及的地域非常宽广，如果环境治理不分重点，全面铺开、均匀用力，这不仅不现实，而且可能会杯水车薪，难以遏制整体恶化的趋势，所以，要治理好农业农村污染就需要一个有效的支点和抓手，这个支点就是中小城镇。首先中小城镇是实现农业现代化的一个基本支点，要搞好农业污染治理，最重要的是改变传统落后的化学农业生产方式，提高农业生产效率的同时提高农产品品质，并以此提高农民的农业收入。大量使用农药和化肥常常是农产品质量差、农业收入低、农业产业弱势化恶性循环的重要原因。在没有城镇农业产业服务体系、监督体系以及市场的支持下，生态农业、绿色农业等环境友好型的生产方式，以及农产品“优质优价”等市场交易行为都很难实现。简单地通过发展非农产业或者务工经济，虽然也能一定程度提高农民收入，但无法从根本上改变农民的农业行为规范。因此，小城镇涉农服务功能的强化是带动农民收入提高，搞好农业污染治理的一个最重要的先决条件。事实也证明，现代农业的一个很大特点就是需要较高的城镇化支撑条件，需要城镇化提供有效的农产品以及农业要素交易市场，也就是说其逻辑结构是“中小城镇发展—农业现代化—农业农村污染治理”。

其次，农村地区的中小城镇发展还可以为农村非农产业转移和特色产业发展提供聚集地。由于特殊的制度和历史原因，“村村点火、家家冒烟”式的农村工业化，即所谓的家庭作坊等一度成为农村非农产业发展的一支主力军，但也是造成农村工业污染严重的主要原因之一，因此治理农村工业污染的重要路径之一，就是让这些农村中分散落后的非农产业向小城镇转移或进入相关的产业园区，以便进行集中污染治理。同时还可以借助中小城镇这个平台，利用本地的资源、文化优势发展推广特色产业，增加非农就业机会。

再次，发展中小城镇，推动人口适当聚集，是提高农村人口城市化水平的重要路径之一。而农村人口的城市化是具有重要的环保含义的，因为它可以创造环保的内在动力。根据需求形成原理，人们的污染治理要求或对美好环境的诉求是收入水平、文化素养提高到一定阶段的产物，也就是说当人们的基本需求都未能得到很好满足之前，“高谈阔论”讲环保是没有意义的。因此大力发展小城镇，利用小城镇非农产业发展以及农业效率改善来共同提高农民收入，解决他们的基本生存问题，提高环境追求意识，才是遏制农村自然生态资源过分攫取、生态环境进一步恶化的有效路径。

最后，中小城镇还可以集中提供先进的污水、垃圾处理与运送设备，提供良好的电力、交通等基础设施，这些都能有效降低农村污染治理的成本，提升污染治理的水平和效率。我们甚至可以设想以中小城镇为基地，建立起沟通现代化城镇、农村环境、生态保护的循环体系。总之，小城镇除了有效的经济、社会功能，其生态环境保护功能也有待我们进一步深入挖掘。在制度安排上，全国范围内的污染治理不应再实行“城乡分灶”，而应该形成一个覆盖大中城市、中小城镇以及农村社区的一体化的制度体系。

## 第三节　小城镇与乡村振兴的互动关联

上一节内容中，我们较为宽泛地描述了小城镇对于农村经济、社会发展的若干影响。本节将在总体理论基础一致的基础上，进一步讨论小城镇与乡村振兴战略之间的互动关联：首先论述小城镇发展与乡村振兴战略之间互动的作用机理；其次从统筹规划的角度研究小城镇发展与乡村振兴的协调机制，指出二者协调发展中存在的问题；最后对小城镇发展和乡村振兴战略协同推进的保障性措施展开讨论。

## 一、小城镇与乡村振兴互动的作用机理

乡村振兴战略是习近平同志在2017年10月18日党的十九大报告中明确提出的国家战略。战略再次强调了“农业农村农民问题是关系国计民生的根本性问题，必须始终把解决好三农问题作为全党工作的重中之重。实施乡村振兴战略，要坚持农业农村优先发展，按照产业兴旺、生态宜居、乡风文明、治理有效、生活富裕的总要求，建立健全城乡融合发展体制机制和政策体系，加快推进农业农村现代化”。战略的提出事实上是对我国城乡经济社会发展阶段性特征的一种积极、有效的总结和回应，是对现阶段我国新型城镇化战略的有效丰富。

长期以来，关于城镇化与乡村建设的关系，人们倾向于认识简单化，将两者对立起来，因而形成了两种较为极端的观点：一是把我国乡村中“三农”问题出现的根源归结于城镇化，认为发展城镇是对农村剩余资源，比如劳动力、土地的野蛮掠夺，因此，现在需要放慢城镇化进程，重点加快农村经济发展，重点建设新农村；二是认为只有城镇化才是人类文明的高级形式。在城镇化过程中出现农村经济的衰退是不可避免的，这是现代化的趋势，因此，我们应该进一步快速推进城镇化，而不应把过多的精力放在发展农村上。上述两种极端的观点由于会导致完全相反的政策主张，因此长期困扰着我们城镇化工作和乡村建设的实践。

事实上，城镇化与乡村振兴是一对既对立又统一的辩证体，两者间的辩证作用过程对应农业文明向工业文明迈进的必然阶段：城镇化快速发展，引发乡村阶段性的人口流失、生产的荒芜，这是必然的。但是反过来，城镇化的快速发展，同时也为乡村带来了新型的生产关系与发展契机，使得土地集聚和规模生产成为可能，这无疑是未来乡村振兴的重要条件和支撑力量。按照其他国家的经验，城镇化发展到一定程度以后，它必然会出现一种逆城镇化的趋势，即城市的工商资本下乡投入农业生产，大量专业人才返乡成为新型职业农民，这种趋势在我国很多区域已经显现出来，这些都为乡村振兴提供了重要支撑。

作为我国新型城镇化的重要内容，小城镇发展自然也与乡村振兴存在积极有效的互动。传统的思维观念“发展小城镇是在大城市掠夺资源的基

础上对农村剩余资源的进一步掠夺，小城镇的大发展会给乡村带来一系列负面的社会经济效应”，自然已经不合时宜。事实上，从近些年我国乡村振兴和小城镇发展的良好势头来看，两者间的互动协作要远远强于它们之间的对立和矛盾。乡村振兴并不否定我国的小城镇发展道路，因为，乡村许多公共服务的提升都源于周边小城镇的繁荣和发展，而小城镇发展则又为乡村振兴战略的具体落实提供了重要载体。比如，分散村落向小城镇的集中迁建，小城镇对乡村三次产业的融合和效率提升。

作为我国城乡一体化发展进程的“两翼”，小城镇兴起与乡村振兴之间并不存在战略重叠和矛盾，而是相互促进、相辅相成的。两者都是我国现代化发展的重要内容：一方面，小城镇的发展引导牵动着乡村振兴；另一方面，乡村振兴为小城镇发展拓展了更大的空间，提供了新的契机，奠定了更坚实的基础。乡村振兴与小城镇发展本质上是中国特色农村现代化和城市化结合发展的积极尝试，是实现我国高质量现代化的双重驱动发展模式。两者相辅相成，互为条件，互为结果。

(一)小城镇发展是乡村振兴的重要落实点

针对我国人口基数大的国情，可以设想，即使未来的一二十年中我国的城镇化率达到了70%，也仍然会有四五亿人口滞留在农村，因此，如何让这一部分人共享社会发展成果，就是乡村振兴的重要任务，这一目标任务的重要切入点其实还是小城镇。小城镇除了自身能提供一定的公共产品以外，还是大城市公共产品向农村辐射的重要节点。大城市的公共产品和商业是需要有布局合理的服务网点作为支撑的，深入广大农村区域的小城镇则恰好有效承担了这一功能，它们一直都起着农产品集散、农用物资供应、农业科技推广等重要作用。同时学校、医院等公共设施在小城镇也有一定的基础。小城镇目前实际上已经成为农村经济和社会发展的中心，对乡村振兴过程中农村居民生活的改善起到了很大的作用，真正实现了城市也是农村人的城市的目标。

小城镇是大乡村视域下解决“三农问题”的物质载体。小城镇的发展面貌和质量将直接或者间接影响我国能否缩小城乡差距和实现农村现代化。从中国农村居民的心理方面来看，绝大部分人都渴望城市生活，特别是40岁以下的年轻人；从中国城市居民的心理方面来看，绝大部分人渴望田园生活，所以，如果条件允许、环境适宜，无论是农村居民还是城市居民，他们都会欣然搬迁到小城镇生活。所以以乡村振兴为契机，推进新一轮小城镇的品质提升和发展，是实现城乡间人口、资金、技术等要素自由双向流动的重要措施。

（二）小城镇发展是乡村振兴的重要推动力

乡村振兴的两个重要任务：一是乡村居民生活的城镇化，即让农村也能享受与城市类似的较为丰富的公共服务。如果我国城市化发展最后形成了城市像欧洲、农村像非洲的尴尬局面，那么我国的新农村建设无疑就是失败的，城乡经济社会的一体化也是不可能实现的；二是乡村生产的现代化，当然这一目标是一个系统性的大目标，其具体的作用路径可以从以下几个方面进行解释。

1. 小城镇为农村工业化、产业化提供了基地

要实现乡村振兴，就必须实现农村、农业的现代化，必须以农村的工业化、产业化为基础。近年来，随着我国农业产业化的不断深入，一些涉农企业在数量上有较大增长，但由于受到企业性质、融资和布局等因素的影响，大部分企业的规模增长却很缓慢，不能为企业和农户带来更大的收益。如从布局因素来看，分散的企业至少在分担成本和获取商业信息方面处于劣势。推进农业产业化，就必须大力发展食品加工、运输、储存等行业，而这些行业发展的理想载体就是小城镇。乡镇企业、民营企业向城镇工业园区聚集是对企业获利、农民增收、城镇发展都有利的事情。

2. 小城镇是农业科技传递、合作组织的载体

国外农业发展的历史经验表明，农业真正从传统的松散型向现代化的集中型发展，是离不开农民合作经济组织的。以农业种养大户或者农业科技公司等推动组建的农民合作经济组织可以较好地反映农民的社会经济利益，对政府政策制定产生较为强大和持久的影响。小城镇作为大城市与自然村落连接的纽带和桥梁，往往可以成为农民合作组织的载体和落脚点。农民合作组织可以在互通市场信息、控制市场等方面发挥重要作用，为乡村振兴做出独特的贡献。同样的，与小城镇繁荣伴生的农业科技咨询服务站等机构可以较好地把有利于农业发展、新农村建设的技术、信息、人才培养等服务向农民进行传递。

3. 小城镇是农民增收的重要保障

乡村振兴的核心问题还是农业问题，而农业问题的根本还是效率低、增收难。由于农产品的特殊性，通过单纯地提高农产品价格来增加农民收入的路基本行不通。比较有效的方式还是不断推进农业的产业化，增加农业和农产品的附加值。与国际先进农业相比，我国农业经济效益低，最重要的原因是农产品的生产链条短，附加值低。而小城镇完全可以助力农产品的储藏、保险、加工等环节，充分挖掘农业潜力，延长农产品产业链。这种将农业做精做细的发展模式不仅对农产品均衡上市、调节稳定农产品价格、扩大农产品市场容量大有益处，而且还能把农产品加工利润留在农村，成为农民收入。合理发展小城镇能有效拓展农村经济纵向和横向上的活动联系，改变以往农业产前、产中、产后分割现象，真正形成从“田间到餐桌”的完整产业链条。小城镇对乡镇企业的聚集功能也能较好地帮助企业克服由于布局分散所带来的信息不灵、交通不便、生产成本高、资本利用率低和环境污染等问题，增加乡镇企业的比较效益，从而使农民从乡镇企业中获得更多的好处。

## 二、小城镇与乡村振兴协调发展的问题

### (一)小城镇规模把握不到位，发育程度低，无法满足乡村振兴要求

改革开放以来，我国的小城镇已初具规模，但尚未达到适度。一些小城镇的规模过小不利于基础设施建设，不利于规模经济效益的形成，而且很容易造成发展空间和辐射区域狭小。规模较小也限制了城镇功能的有效发挥和对当地农村经济的带动作用。规模较小的小城镇能够统筹的资源有限，难以把周边的资源吸引过来，这也会严重制约小城镇自身的健康发展，限制其积极效应，最后导致小城镇的发展速度跟不上乡村振兴发展的步伐，迟滞乡村振兴的速度。一般理论认为，镇区 2－3 万人比较适宜，它的商业网点、基础设施和公共服务设施才能配套，第三产业才能有较宽松的发展环境和比较好的经济效益。

### (二)小城镇综合功能不全，公共产品缺乏，无法承担乡村振兴的核心角色

要彻底消除城乡“二元”结构，农村小城镇的面貌就得跟上城市的步伐，具备“麻雀虽小，五脏俱全”的现代城市功能。目前，小城镇的基础设施很多

不健全或没有配套,小城镇的社会文化事业发展滞后,绿化、环保、交通等问题比较突出。文化方面,居民生活单调,普遍缺乏生机活力;教育方面,教育设施和资源缺乏,学生没有机会享受素质教育的各种好的资源,导致未来可能无法适应社会发展需求,难以立足社会;医疗方面,卫生条件差,医院等级低,数量少。农民若是身患感冒等小毛病,小城镇医院尚能应付,但如果患上稍重一点的疾病,则一般得跑几十、上百公里去往大中城市,如若不然,则只能在家"熬些时日"。公共产品缺乏已经成为小城镇发展的最大瓶颈。

(三)小城镇发展战略未能体现因地制宜,千篇一律,没有突出地域特色

由于我国各地区自然、文化、经济差距巨大,因此小城镇发展也应表现出巨大的地区差异,但是纵观当下我国的城镇建设,很多基本都是一个模式,缺乏区域特色。基本模式就是"盗版式",即大家相互剽窃,依葫芦画瓢,简单模仿别的小城镇。即使不是照单全收,也只会相应做出点改变,但本质是一样的。我国古代的城市建筑中,尚能依托当地的地形、地貌、地势,根据不同的山水风物进行选址规划,使建筑呈现出天人合一的美感。但是社会发展到今天这个水平,我国的许多小城镇建设反倒缺少了自身特色,单调刻板、千篇一律,失去生机,尤其是忽视和隔离了与当地民风和自然景观的内在有机关联。当前,我们在农村经济发展方面提出了"一乡一业,一村一品"的布局,小城镇建设也理当根据当地的自然条件、地区文化,形成"一乡一形、一村一貌"的发展模式。

(四)当前规模的小城镇聚集力不强,无法拉动农村经济快速稳健增长

改革开放40多年来,我国许多小城镇大多是模仿中小城市的规划和模式来布局的,即城镇不管自身条件是否允许,也千方百计引入各种各样的企业,完全忽视当地农村的特有资源和需求,从而导致有限的工业发展与当地农业发展需要严重脱钩,其结果是既缺乏竞争力,也没有聚集力。理论上讲,如果小城镇能根据当地资源情况和市场需求,发展地方特色的"一乡一业、一村一品"的产业结构,那么不仅能提高农产品的价值,提升小城镇企业的竞争力,也能提高农民的生产积极性。农民的收入增加了,自然会进一步扩大投资与生产,从而带动农村社会经济健康持续发展,实现乡村振兴。小城镇在发展过程中必须要有科学的定位,要立足于当地情况,充分利用自身的比较优势来规划布局。具体而言,结合农村实行的"一乡一业、一村一品"

的生产模式，小城镇可以针对“一业一品”引进加工企业，对初级农产品进行深加工，并将加工产品推向国内国际市场，实施“公司＋基地＋农户＋市场”的运行模式，使小城镇具有“聚人、聚物、聚流、聚财、聚智、聚变”等功能，成为真正的“聚宝盆”，从而有效地带动农村经济的快速发展，实现乡村振兴事业的最终成功。

## 三、小城镇与乡村振兴协调发展的保障机制

小城镇建设与乡村振兴都是统筹城乡发展，解决“三农”问题的重要途径，它们之间相互关联，互动发展。只有小城镇发展了，才能为农村劳动力在本地转移创造条件，为农业规模化、产业化发展以及乡村一、二、三产业融合发展创造条件。同时，乡村振兴也是促进小城镇发展的积极因素，是形成城乡良性互动关系的关键环节，两者相辅相成。片面剥离小城镇谈乡村振兴只会加剧“二元结构”，反之亦然。在统筹小城镇建设和乡村振兴战略中，一定要协调好两者的关系，推动两者间的耦合发展。我们知道构成城乡关系的要素主要包括土地、人口、产业、资金、技术、生态、文化等，因此统筹小城镇和乡村振兴发展也必须紧紧围绕这些共有因素，重点建立和完善城乡人口流动和就业机制、城乡金融资源双向流动机制、城乡产业关联机制、城乡生态良性互动机制、城乡社会文化融合机制等。只有这些机制确实完善起来并顺利运作，才能确保小城镇与乡村的协调发展。

### (一)完善城乡人口流动与就业机制

随着非农化发展，农村地区相当数量的劳动力进入城镇务工经商，基本脱离了农业，但由于这种转移并不彻底，即他们的转移是受经济利益驱动的自发行为，很多户口常住地依旧在原籍，没有实现政府行政户籍上的变化，因此是一种暂时性的转移。转移不彻底的直接结果就是在城市出现了一个既非农民又非城市居民的两栖性游离阶层。这种离农人口的两栖性和不稳定性决定了一旦环境变化，就会出现扭转。完善的城乡人口和就业机制无疑是解决这类问题的唯一途径。首先，完善城乡人口流动机制，可以从加大农村基础教育投资力度入手，提高这些农民的人力资本和就业适应能力。即使环境发生改变，他们也能很快适应，从而避免引发较为严重的社会问题。其次，消除针对外来人口和流动人口的歧视性政策。当然，我国的户籍

制度改革在这一方面已经作了大量的工作，比如，全面放开农村人口落户小城镇的诸多限制。但一些配套改革政策仍然不够完善，没能真正给这些人戴上安全锁，他们的迁徙权力和就业权力还是在某些方面受到了阉割。最后，切实提高小城镇的管理水平，尤其是提高涉及农村转移人口的医疗、治安、子女入学等公共服务的效果和效率，鼓励具有一技之长的农民工到小城镇落户创业，解决两栖农村人口进城落户的后顾之忧。

(二)完善城乡金融资源双向流动机制

此处的城乡金融资源双向流动机制是指小城镇与乡村之间的金融资源相互流动机制。这一机制能确保有限的资金得到最高效的利用，最大限度满足城镇和乡村居民的金融需求。目前，小城镇流向农村的金融资源主要是有限的财政资金。小城镇在发展上由于占据优势，因此往往能够吸引大量的外来资金，而有时自身消化不了或者不需要这么多的资金，就会导致双方的不协调。因此，建立和完善金融资源双向流动机制对乡村发展的速度和效果将产生重要的影响。

(三)完善城乡产业关联机制

城乡产业关联机制是指以工业和服务业为主的小城镇产业与以农业为主的农村产业之间的互利合作。我们知道，在传统的工农关系中，由于农业往往只承担廉价初级产品提供者的角色，因此，产业的弱势地位十分明显，要改变这一现状，真正落实工业反哺农业，就必须延伸农业产业链，构建完善的城乡产业关联机制。首先，农村许多优质的农产品资源依然被闲置，并没有转化为推动农村经济发展的动力，因此，必须大力支持农业初级产品深加工、批发零售、农产品期货等二、三产业业态的发展，增强涉农企业对农业的带动作用。其次，理顺农业与城镇工商业的产品交换关系，确保小城镇与乡村之间的物流顺畅和贸易公平。乡村与小城镇产业经济的协调发展是其他一切协调关系的基础。

(四)完善城乡生态良性互动机制

城乡生态良性互动机制是指城乡之间生态相互联系，相互影响的机制。广义的小城镇实质上包括乡村，它们在地域上紧紧相连，在生态上也是一体的，因此，任何一方生态的破坏都会对另一方的生态造成影响，进而产生两者间的恶性循环。为确保小城镇与乡村之间生态协调，为生态宜居城镇的建设和乡村振兴提供生态环境保障，就必须建立完善的生态保护机制。具体而言就是要将生态环境保护工作融入小城镇与乡村发展互动的过程中。比如，在小城镇规划建设时，利用域内工业园区建设，对散布在农村的一些具有一定污染的工业企业进行搬迁、升级、改造，对节能减排落实效果明显的企业给予土地税收减免等奖励，严格控制污染物排放。同时结合乡村振兴战略中"生态宜居"建设方针，加大乡村地区生态环境的投资与修复力度，抓好人工造林、退耕还林还草等生态工程建设，为乡村振兴积淀更多的生态资本。

(五)完善城乡社会文化融合机制

城乡社会文化融合机制是指小城镇与农村之间的社会意识、社会心理、文化思想等方面实现融合和一体化的机制。目前我国的小城镇虽然发展质量总体不高，但在市政功能、市场购物、文娱活动等方面还是远远优于分散的村庄，这使得人数较少的城镇建成区居民存在较为明显的文化优越感，这种不对等的社会文化地位对于城乡协调互动发展也是极为不利的。因此，必须完善两者的社会文化融合机制，最大限度地实现全体居民对地域文化的认同感，消除彼此的文化不对等差距。首先加强农民的精神文明建设，提高农村的整体文化素质，鼓励社会团体、志愿者深入农村开展文化义演等活动，丰富农村居民文化生活，逐步缩小农村与城镇的文化水平差距。其次，在小城镇发展过程中，大力宣传农村传统优秀文化，使小城镇逐渐吸收，进而慢慢认同、欣赏和向往民间文化，实现城乡社会文化的大融合。

## 第四节　农村发展对小城镇的支撑作用

前面几节我们深入分析和讨论了小城镇发展对于农村经济以及乡村振兴的积极作用，其实这仅仅反映了小城镇与农村互动关系的一个侧面，即小城镇对其域内以及周边农村地区的辐射作用，也就是小城镇如何将自身和大中城市的城市功能，通过商品服务供给、公共产品供给、技术和知识传播等方式对农村产生辐射作用。事实上农村也能对城镇的发展产生很强的支撑作用。农业劳动生产率的提高、农业的产业聚集以及乡村旅游业的发展都为小城镇的健康持续发展提供了动能,创造了可行性。城镇和乡村之间的这种辐射和支撑关系是相互依存,相互支持的,具体见图5-5。

通过对辐射和支撑关系的辩证分析,我们很容易理解,农村和城市事实上都是彼此需要的,而其中小城镇则恰好充当了"牵线搭桥"的角色。城市辐射农村,已经不能简单地理解为城市对农村的单向反哺,更是城市自身发展的需要,是城市提升功能必须经历的过程。例如,中国的服务业发展速度和比重与我国的经济发展水平还是存在很强的结构性矛盾,重要原因之一就是城乡二元结构很长一段时间把广大农村人口排斥在了城市现代服务业发展之外。农村没法直接享受到城市这些高级别的供给功能,无法参与其中成为需求推动力。农民工虽然身处城市,但也很难融入这一进程。因此,如何修复城市与农村间的辐射和支撑机制,不仅是推动农村居民生活城镇化和城市更好地服务于农业现代化所必需的,也是城乡经济形成互动协调关系所必需的。图5-5清晰地表明,构建合理的中小城镇体系是保障这种城乡辐射和支撑机制有效运行的重要路径。

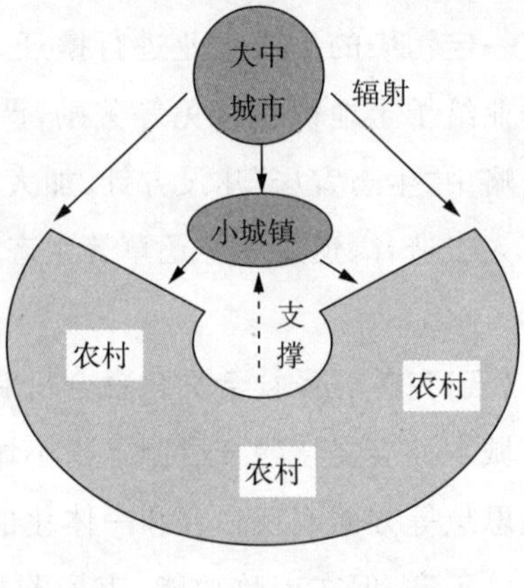

图5-5 城乡间的辐射和支撑关系

## 一、农业发展对小城镇的支撑作用

农村对城市的支撑逻辑可以简单地描述为:如果农村人口能够直接参与或者享受到城镇的某种功能活动,那么农村人口的参与行为本身就会使城市的该种功能得到发展和强化。一个简单的例子,城市中有许多面对农村需求的批发市场,如果农村需求增长很快,那么城市的这类市场就会更加繁荣。

一般主流观点都认为城镇化主要是由工业化推动的,这种理论本身没有问题,但过于片面。事实上如果没有农业发展,没有从农业中解放出来的剩余劳动力,没有从农业中衍生出来的各种产业服务配套需求,工业化是无法持续推动城镇化的，因此，应从农业与工业协调发展的角度来解读城镇化发展。如果将工业化比喻为“城镇化之父”，那么农业的发展则可以喻为“城镇化之母”。农业发展对城镇化所产生的推动作用主要体现在以下三个方面。

(一)农业劳动生产率的提高为小城镇发展创造了条件

我们知道社会综合劳动生产率和工资增长所形成的消费需求增长和消费结构升级，是城市化能够持续推进的重要动力源泉之一。同样的，农业劳动生产率的提高会激发农村的消费需求，改变二、三产业的产业结构，进而对城镇化的进程产生重要影响。由于小城镇以节点的形式构成网状结构镶嵌在农业区内，因此农业劳动生产率提高对其影响最大。农业劳动生产率的提高主要通过以下几方面的间接作用来为小城镇的发展创造条件。

第一，农业劳动生产率的提高，无疑会将许多的劳动力从传统的农业生产中解放出来，而解放出来的这部分劳动力及其家庭成员就构成了向城市以及周边小城镇转移的主要人口。正是因为城镇化过程中的农业剩余劳动力转移，乡城的变迁和联动关系才能得以实现。

第二，农业劳动生产率提高一般会直接提高农民的务农收入，或者间接促进非农经营务工收入的增加。收入的增加使得农户可以把更多的劳动配置于非农产业，同时也为劳动力与家庭成员向城镇迁移提供了财富基础。一般而言，农户的劳动力转移可以分为两种类型：“外出务工”与“迁移”。外出务工本质上是农户在家庭财富有限的条件下，采取简易模式配置劳动力资源的一种表现。该模式下，劳动力的务工会受到照顾留守老人与儿童的约束。如果选择到较远的大城市去务工，转移农户就会承担极高的精神损失成本，而这恰是我国当代许多农民工难以承受的情感之痛。同样地以迁移的方式转移进入城市也会面临许多问题。农户的永久性驻地由农村迁移至城镇，一定是以家庭收入和财富的增长为条件的。在城乡收入差距过大的条件下，农村人口的城市化必然会受到大中城市高房价的阻碍。因此无论是务工还是迁移，无论是从人性关怀还是从可行性的角度来看，围绕小城镇发展的就近、就地转移都是解决这些矛盾的良好策略。

第三，农业劳动生产率提高无疑会带来更多的物美价廉的农产品供给，增加农业积累，而这些进步将非常有利于非农产业的发展，尤其是服务业的蓬勃发展。推动服务业的壮大与升级是农业劳动生产率提高贡献于城镇化的重要表现之一。

(二)农民消费的商品化为小城镇的发展提供了动力

农民收入的提高,无论是源于农业收入还是务工收入,都会使其消费的商品化程度不断提升。最初开始的是非农产品消费商品化,即农民原来自给自足的一些用品被工业部门的商品所取代,进而随着农业专业化的发展,农民自身的部分农产品消费也会慢慢地趋于完全的商品化。农民农产品消费的商品化是与农业内部贸易、农民之间的农产品交易同步发展的,是农业专业化发展的必然结果,同时又是进一步农业专业化的引致因素。

在农产品消费商品化和农业内部贸易发展方面,农业会遇到一种两难的选择,即专业化带来的规模经济与交易成本之间的取舍。一般来说,一些便于长途运输的农产品,如粮食、棉花、茶叶等专业化供给所覆盖的地域面积通常较大,而一些不容易运输的农产品,比如,鲜活农产品就需要采取就地专业化的形式,这样农民农副产品消费的商品化就会引致一个全国范围以及区域范围内多层次的专业化供给体系。农民收入越高,消费的商品化程度越高,这个专业化的供给体系也就越完善。另外,从农业转移到非农部门的劳动力人口从一开始就加入了消费商品化的大潮中。如果我们以一定时点的城乡社会为观察起点,那么农业发展以及由此产生的劳动力转移所引致的农民消费商品化规模的不断扩大,毫无疑问是推动城镇化发展的重要力量。

按照现行的城市化理论,农民消费的商品化也是一种城镇化趋势。如美国新版的《世界城市》一书中对“都市化”这一过程两方面的变化做出了定义和描述:一是人口从乡村向城市运动并在都市中从事非农业的工作;二是乡村生活方式向都市生活方式的转变,这包括价值观、态度和消费行为等。农民消费的商品化是城乡经济融合的一条重要路径,是农民或农村居民能够与城市居民共同分享社会生产力发展成果的重要形式。不仅如此,更为重要的是农民消费商品化范围不断扩大、数量不断增加,对城市相关产业也具有很强的刺激和推动作用。比如十年前,我国推行的家电下乡补贴政策,其目的无非是激发农村市场的消费潜力,扩大内需。虽然这一政策后来在执行过程中出现了许多偏差,但它极大促进了农民的商品化消费行为，对支撑、保障这些消费环节的中小城镇的发展提供了动力。

(三)农业的产业聚集为小城镇的发展提供了路径

农业的产业聚集与农业的规模化发展和专业化分工密不可分。这个过程通常可以分为三个阶段:第一阶段是同一种或几种农产品在地域上形成集中布局;第二阶段是以一种技术为代表的农业科技推广;第三阶段是农产品生产、加工和商贸服务体系一体化形成。第三阶段是农业产业集聚发展较快的阶段。该阶段中，围绕中间品开展的各种服务加工和流通环节的专业化分工得到进一步深化，推动产业集聚不断发展。如果农业产业集聚和专业化发展较为充分，就会演化成为农业专业化产业区，即同一种产品在生产、加工和流通环节上进一步进行专业化分工，并与前、后向产业形成产业集聚，从而构成产业区。农业专业化产业区是农业产业发展的高级形态，其最大的特点是专业化分工和产业集聚都发展得很到位，并且已经建立稳定发达的专业化产品销售体系，品牌效应稳定。农业专业化产业区至少具有4个竞争优势，即“密切的产业协作机制、发达的专业市场与物流体系、良好的公共设施、服务高效的科技创新与知识扩散系统”。比如荷兰的乳业与花卉产业区都是这类产业区的典型，再如国内有着“酒都小镇”之称的山西汾阳杏花村镇。该镇是中国最早的白酒酿造地之一，素有“酒都”之美誉。在后续的发展过程中，杏花村镇以汾酒品牌知名度为基础，从种植、酿造、储藏、灌装、包装、物流、会展、质检以及旅游休闲全产业链切入，形成了酒产业为支柱，酒文化为特色，旅游开发为突破口的产业形态，不断拉动全镇经济发展、目前它已成为我国最大的清香型白酒生产基地。

显然，成功的农业专业化产业区往往是与专业化的中小城镇同步发展的。

然而，对于大多数农产品来说，要围绕它建成完善的产业区却并非易事，这可能是因为规模经济要求太高或生产的季节性太强，也可能是因为科技支撑条件要求太高或市场竞争太激烈。以新疆棉花产业为例，新疆是中国的最大产棉区，2013—2014年棉花总产量达451万吨，占全国棉花总产量的60%以上，占世界棉花总产量的18%。同时在新疆阿克苏、石河子、库尔勒三市也形成了具有一定规模的棉纺业产业集群，但这些地方农业产业区的发展却总体比较落后，有特色的产业强镇不多。深入分析不外乎以下两点原因：一是产业竞争压力大，棉纺产品的替代品众多；二是产业链不完善，技术层次低，产业上主要集中于上游的棉花种植和初加工，下游精纺、服装生产等虽都有涉及，但规模普遍较小，产品质量低。

从上述案例分析可以看出，尽管农业产业聚集是推动城镇化发展的一条重要路径，但仅靠这唯一的力量去发展农业专业化城镇也是困难的。通常的情况是，借由此产生的城镇化动力与其他动力相叠加，共同推动中小城镇的发展。其中政策的引导和扶持不可或缺，如2018年8月，我国农业农村部、财政部就联合发布了《关于批准开展2018年农业产业强镇示范建设的通知》，通知明确要求将农业产业强镇示范建设放到构建现代农业产业体系、生产体系、经营体系中去系统谋划，作为推动产业兴旺、城乡融合发展的重要措施来落实。

同样的，从中心外围理论的视角去分析中小城镇形成的原因，主要有两个：一是大城市功能的延伸和扩散，二是外围地域经济与社会的发展，其中主要是农村地区经济与社会的发展。中小城镇的形成有着不同的路径与方式，如农村工业化、交通枢纽、资源开发、旅游业发展等，但无论从哪个角度看，农业发展所引致的中小城镇发展都是城镇化的一个重要方面，见图5-6。

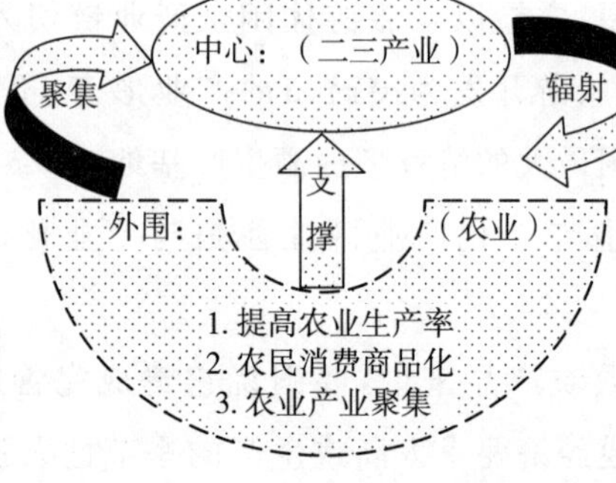


图5-6　外围—中心框架下农业发展推动城镇化的作用机理

## 二、乡村旅游业发展对小城镇的支撑作用

乡村旅游是农村城镇化的重要推手，这是业界的共识，并被发达国家的实践经验所证实。比如，鉴于乡村旅游在推动城乡经济协调发展方面的重

要作用，欧盟专门针对欧洲乡村旅游的发展制定了欧盟第五框架协议。该协议提出了在资金、政策、教育培训等多方面支持乡村旅游发展的政策意见。再如，美国的乡村旅游发展，可谓在推动小城镇经济方面发挥了主力军作用，并形成了成功的经验和模式。乡村旅游推动城镇化的作用主要表现在以下三个方面：

一是扩大了农村非农就业，优化了农村产业结构，提高了农民收入。在这些方面乡村旅游作用非常显著。根据中国农业部公布的数据测算，2018年全国休闲农业和乡村旅游接待人次超30亿，营业收入超8000亿元，从业人员800多万，带动约700万农户受益。休闲农业已经成为城市居民休闲、旅居的重要方式，同时也成了乡村产业的新亮点。

二是提升了相关农村的城镇建设水平。供水、供电、交通、运输、通信等基础设施建设借此得以提升，像垃圾与污水处理、卫生与医疗、公共秩序管理等也得到了根本的改善。尤其是旅游带动的商业与服务业设施的大幅度提升，使农村居民受益匪浅。

三是推动了农村居民生活的城镇化，使他们与城市居民的差别趋于消失。这种城乡生活的一体化主要得益于两个方面：一是与城市旅游者的频繁接触和交往改变了农村居民的消费生活意识与理念，使他们逐步开始按照城市人的准则来安排生活；二是乡村旅游所带来的商业与服务业，尤其是物流业的大发展也为农村居民生活的城镇化提供了条件。事实上乡村旅游的发展对农村居民生活品质和方式的提升存在着一种海浪效应。比如，在某些偏僻的农村地区，即使通过建立小城镇的方式来改善其商品服务的供给状况，供给种类相对贫乏的情况其实仍然难以避免，尤其是在鲜菜、鲜果、水产品和某些副食品的供给方面。但乡村旅游的发展却能改变这种状况，旅游者的到来会有效激发周边小城镇鲜菜、瓜果以及旅游产品供给的服务功能。由此，我们很容易认同这样一种观点：旅游实际上是一种人口动态的聚集状态，它以人员不断替换的方式使某一聚集地在一定时期内达到一定的聚集规模，从而对商业和服务业的发展产生刺激作用。

乡村旅游发展的驱动机制一直是国内外同行、理论界高度关注的问题之一。如 Fleischer 认为，追求差异化的反向性是乡村旅游活动的根本驱动力，客源地的“城市性”与目的地的“乡村性”极差是乡村旅游的动力源泉。

国内有的学者从国家的旅游扶持政策、国际经验的示范作用、旅游业拓展产业空间的需要、农村经济需要寻找增长点、市场需求和乡村的资源禀赋优势等不同角度分析了驱动机制,但从城乡一体化过程中城乡经济、生态关系演变的角度看,则可以得到一些新的见解。当"乡-城"转化达到一定的阶段后,一些城市尤其是大城市由于聚集程度过高而产生了严重的城市病。其空气污染严重,交通拥挤不堪,喧闹和嘈杂也几乎笼罩了整个城市。新鲜的空气、开阔的视野、灿烂的阳光这些使人身心获得休养和享受的要素逐渐变得稀缺。另一方面,由于产业和经济高度向城市聚集,农村除了农业外很少能够找到其他增收致富的路径,而农村居民又有着通过其他途径发展经济、提高收入的强烈渴望,且农村所拥有的自然文化优势为实现这一渴望提供了可能。正是这种双向需求的碰撞与结合,才促成和推动了乡村旅游业的发展。实际上从交易的完全性来看,所有交易都是由双向需求促成的,只是在双向需求的基础上形成了有效供给。在促成乡村旅游的双向需求中,城市居民对乡村田园风光的需求处于主导地位,农民在增收需求上所产生的供给处于从属的地位。根据以上分析,其实不难看出,乡村旅游的发展在本质上其实是对"过度城市化"和城乡差距过大的一种修正和调整。

在我国后续的城镇化进程中,受乡村田园和绿色因素的吸引,一些高收入人群将会到风景较好,且城镇化程度较高的农村城镇去不定期居住,或者是退休人员到那里去颐养天年,这必将成为一种趋势。这种趋势往往表现为逆城市化的人口流动,而且这种逆向的人口流动不是简单的农村人口回流,而是人们追求更美好、更高生活质量的结果。有文章介绍,日本近几年来出现了许多人口从大城市流向农村的现象,其中20～30岁的年轻人占比激增,大部分主要流向风景优美的偏僻地区,尤其是能够每天看海的岛屿,这实际上就是一种逆城市化。对于我国乡村发展来说,这应当是一种非常有用的提示,即发展乡村旅游的目标不能简单地限定为创建能够吸引城市居民来此一游的游乐场,而应该定位成如何创建使田园风光与城镇的聚集经济有效融合的田园城镇,以便能够吸引城镇居民来此长期居住,并带来资本和技术,使小城镇形成长期的繁荣之势。总结起来,乡村旅游的规划者应有长远眼光,不能为了追求短期的旅游收益而造成自然环境和乡村性的破坏与退化。

从乡村产业发展角度看，乡村旅游业实际是依托农村资源优势发展起来的农村服务业，这里的资源既包括农业与自然资源，也包括历史与文化资源。其中农业资源的开发有着巨大的空间，包括农业与旅游休闲、文化教育、健康医养的深度融合，或者是直接发展观光农业、体验农业、休闲农业等新业态。比如国内开发较为成熟的休闲农业、古村落遗址开发、红色旅游等乡村旅游产业都很兴旺，但相比西方和亚洲一些发达国家将散落在乡村的废弃玻璃厂、矿石采伐场等都开发成旅游景点的创意做法，我国对于乡村各类资源的开发和利用还有很大的空间。具体而言，乡村旅游业的类型可以粗略地描述为表 5－2。

**表 5－2　乡村旅游的类型**

| 类型 | 主要内容 |
| --- | --- |
| 休闲观光类 | 农家乐、休闲农庄、民宿、温泉天然浴池、自然风景区、森林公园、自然博物馆等 |
| 农业种植类 | 农业示范园、农业观光园、生态体验园、采摘园、农事趣味园等 |
| 乡村文化类 | 民俗园、手工艺术作坊、地方特色餐饮、新农村示范村、乡村景观建筑、文化长廊等 |
| 文化遗产类 | 古遗址、古村镇、重大历史承载地、宗教文化圣地、名人故居，民间艺术传承地等 |
| 田野活动类 | 划船、游泳、滑雪、滑沙、滑草、钓鱼、漂流、骑马、登山等 |
| 节庆活动类 | 葡萄节、樱桃节、冬捕节、开斋节等民族民宿节庆活动 |

乡村旅游在推动中小城镇发展方面的作用往往直观地表现为两个方面：一是形成壮大了一批具有旅游特色的核心城镇；二是为一些核心城镇增添了若干卫星小城镇。由于旅游业的产业带动作用深远，其间接作用也是影响巨大的。围绕乡村旅游开发成功的三个条件包括住宿与饮食、交通条件、旅游吸引因子。乡村旅游推动中小城镇发展的源泉性作用主要体现在三个方面：一是促进了旅游线路节点城镇的发展；二是旅游拉动了住宿和餐饮等配套产业的发展；三是吸引高收入、高技能或养老人员到旅游区域的小城镇定期居住。目前第三个方面的作用在发达国家已成为推动乡村小镇向高层次居住地演化的主要力量源泉，因为这些人员的到来，也意味着收入、

资本和技术的到来，这些要素通常是推动小城镇产业和经济发展的直接动力。

乡村旅游从本质上看，可以视为城市方面的收入向农村转移而形成的一种消费支出，这种支出有着很强的乘数效应，能有效带动农村地区尤其是服务于乡村旅游的若干中小城镇的快速发展，改变当地的农业经济结构，促进当地的农村城镇化发展。所以，在我国城乡融合发展日趋紧密的时代背景下，我们有充分的理由相信，这一有效沟通城乡需求和资源的产业形态将成为夯实城乡辐射和支撑关系，融合城乡文明的重要力量。

# 第六章 小城镇与大城市发展的互动

城市的繁荣发展与聚集经济密切相关，产业、人口、交易的聚集构成了城市经济的最主要特征，因此本章将主要从聚集经济的视角对小城镇与大城市之间的互动关联进行探讨，对小城镇发展的重要意义和可行性进行阐述。

## 第一节 城市聚集经济的内涵以及再思考

### 一、城市聚集经济的内涵

从城乡一体化的基本特征不难看出，城乡一体化的实现过程其实也是城市化不断深化，城乡劳动生产率不断提高，差距不断缩小的一个过程。其中劳动效率不断提高是城乡一体化的重要动力来源，而劳动效率的提高又对应着较高的城市化水平。西方一些发达国家的社会经济发展历程已经对此予以证明。这一联动逻辑的背后其实是城市的聚集经济发挥了重要的作用。传统的经济增长理论在分析产出效率提高的原因时常常忽视了空间因素，新古典增长模型和内生增长理论模型均未涉及空间因素，如美国经济学家丹尼森只把经济增长因素归纳为要素投入量和要素生产率两类。其中后一类有知识、资源配置和规模经济，但没有提到聚集经济。自 20 世纪 90 年代起，随着空间经济学知识的传播和推广，“产业、人口和交易在空间上的聚集能够提高效率，并且为劳动工资的增长、资本报酬的增加提供价值基础”的理念已逐渐成为一种共识。其背后的逻辑可以简单理解为：聚集经济能够提高产出效率,由此形成的价值增值能够在名义工资、资本报酬和地租之间进行均衡分配。此外,聚集经济还能通过促进消费或者提升消费效用来影响人们的实际收入水平。比如,人口聚集所引起的需求市场的集中不仅能够给消费者带来购物经济,还可以使其享受到一定的规模经济和范围经济收益。

聚集经济发挥作用主要依赖以下三种形态:产业聚集、交易聚集和人口聚集。当然这三种形态的聚集在现实中紧密联系、相互作用,共同构成一个不可分割的有机整体。

城市化中的区域理论强调不同区位空间的生产要素之间交换会产生重要价值,要素在空间上集聚也会产生效益,处于中心区位的空间会因为要素集聚而获得挤压性发展优势。

(一)聚集经济中的产业聚集

产业聚集会带来许多的效应,对此,马歇尔的外部经济理论有过较为详细的描述。比如,外部经济理论认为产业聚集可以使企业获得中间投入品的共享、劳动力池效应和知识溢出效应,但马歇尔的外部经济是以小企业的聚集为假设前提的,大企业的规模经济则可以描述为内部经济,包括技术的经济、机械的经济、原料上的经济、购销的经济和企业管理上的经济。奥林和胡佛则将聚集经济分为内部规模经济、地方化经济和城市化经济三类。地方化经济是指同一类产业在同一地方的聚集所产生的效应,它除了马歇尔的三个外部性外,还包括产业关联效应。比如,如果聚集的规模足够大,就会引起相关产品贸易行业的高度聚集和发展,进而形成某一种商品的世界商贸中心。城市化经济则是指多种产业的聚集和由此引发的服务业的聚集所产生的效应,尤其是指产业的综合聚集使聚集地成为地区贸易型产品的交易中心和消费品市场的供给中心所带来的效应。基础设施的共享、工商业与公共服务业间的相互溢出以及知识、技术、人才的集中所产生的创新力,是城市化经济把外部性经济推向更高层次的三大主要表现。不过综合的产业聚集并不是指产业的种类越多越好,也不是总规模越大越好。事实上,把不存在相互溢出的产业放在一起是没有意义的,将外部经济差异很大的产业聚集在一起也是无益的,如纺织业和金融业。此外由于城市存在规模不经济的可能,如果聚集的规模过大造成聚集成本大于聚集收益,则只会使城市陷入聚集不经济的状态。

由于产业聚集的效率不仅受产业关联效应的影响，还受城市规模不经济的约束，因此要使产业聚集对效率和劳动报酬提高的贡献达到最大，就需要合理安排产业的聚集结构，同时使产业聚集规模与城市规模相匹配。

(二)聚集经济中的交易聚集

交易聚集是聚集经济的第一形态。从人类演化进程来看，如果以人口的分散分布为前提，那么最先出现的聚集形态便是交易聚集——古代的集市，然后才是产业和人口的聚集。因此，交易的聚集应该是城市化经济的一根大梁，其效应主要体现在贸易和商业中心功能方面。一座城市通常会成为一个较大区域的贸易性产品交易中心和消费品供给中心。为什么城市会成为这样一类中心呢？其根本原因在于这样的结构是最经济、最合理的。交易的地理集中能够形成聚集经济，主要源于三个方面的原因：路径的节约、交易的范围经济和商品运输的规模经济。这三点均能有效降低交易成本，具体见图 6-1。该图展示了一个典型的分散交易与集中交易的对比模型。假设每个交易场中均有 6 个交易者，他们都需要出售自己的产品，同时购进其他人的产品。在传统的分散交易中，6 个交易者在进行交易时，他们均会选择他们之间的中点进行交易，交易过程和路径繁琐众多。而在集中交易中，6 个交易者的中心会出现一个交易中心点，每个交易者都可以把自己的全部产品运送到中心点，然后从该点运回自己所购的全部产品，这种集中交易模式无疑会大幅度简化交易路径，节约交易成本。杨小凯在《经济学——新兴古典与新古典框架》一书中简单计算了两种交易的旅行费用，其中分散交易的旅行成本是集中交易的 3.73 倍。交易聚集的范围经济则表现为每个交易者在中心点就可以同时与其他 5 个人进行交易；交易聚集所形成的运输规模经济则表现为每个交易者都可以把自己的全部产品运送到中心点，然后从中心点运回自己所购的全部产品，这必然会使单位产品的运费下降。需要指出的是，在一些经济学文献中通常会假设单位产品的“运费/千米”是不变的，但实际上，运输的规模经济是能够使单位产品的每千米运费降低的，这一点无论是在宏观还是微观分析中都十分重要。在宏观方面，比如，如果运输规模足够大就可以采用更好的运输方式或工具，从而使单位产品的“运费/千米”下降；在微观方面，比如，消费市场上的购物经济就包括使消费者能够将多种商品同时拿回家所引起的节约。

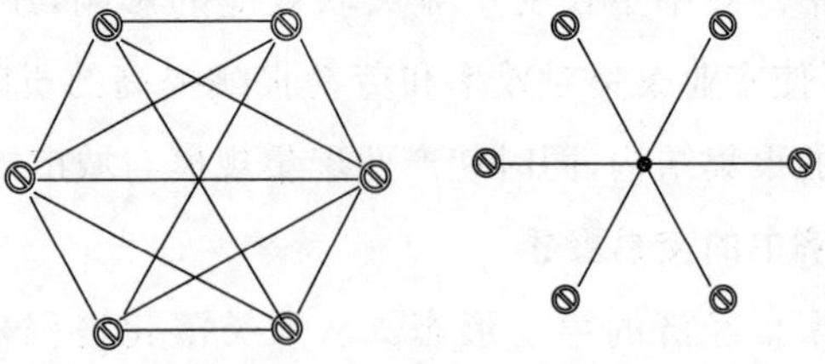


图 6-1　分散交易与集中交易示意图

如果说产业聚集是从生产的角度来考察聚集经济的形态，那么交易聚集则是从交易与流通角度来考察聚集经济，二者之间相互补充，共同促进。交易的聚集效率不仅表现在交易的空间结构上，比如一个地区必须有一个贸易性的交易中心和消费品市场的供给中心，而且还受产业和人口聚集的影响，因为这两种聚集都能够使相关的交易成本下降。

在此需要指出的是，无论是产业聚集还是交易聚集都不只是使城市受益，同时它也会惠及农业和农村，比如交易聚集不仅可以降低农产品的交易成本，还可以为农村居民提供更加便宜、更加丰富的农资品和消费品。

（三）聚集经济中的人口聚集

相对于产业聚集、交易聚集，人口聚集对经济的作用往往表现得不是特别直观，因为这种聚集效应的产生是有条件的，并不是只要大量的人口简单集中在一起就能产生效率。人口聚集要形成正向的聚集经济，通常需依托于产业聚集，也正是因为这种依托性的存在，所以两者常被混为一谈，事实上它们之间既有联系也有差别。产业聚集能够在一定程度上引起人口聚集，尤其是一些劳动密集型产业，它们在空间上的聚集会吸纳大量的工人。同时产业与职业的多样化也有利于家庭提高劳动力资源的配置效率，从而进一步提高就业的吸引力，促进人口聚集；人口的聚集反过来又会为产业聚集创造更具有吸引力的条件。当然，二者在聚集经济与不经济形成中的作用是不同的。其中产业聚集是聚集经济的主要来源，其副作用主要表现在拥挤效应以及污染物的超承载排放等方面；而人口聚集虽然也能对聚集经济做出贡献，但它往往对应着聚集成本甚至是聚集不经济的主要来源。从城市化的视角来看，人口聚集程度超过产业承载能力往往是过度城市化的主要原因。

人口聚集的作用主要表现为两个方面：一是它能够对产业聚集产生引致作用。其中最为明显的是引起商业和服务业的聚集，从而对产业聚集做出贡献；二是它能够促进消费。人口聚集能够引起需求在空间上的集中，并进而引起供给的集中，这种需求和供给上的集中不仅能够使个体消费者在消费过程中获得诸多好处，比如多样化的需求得到满足，提高消费的效用，而且也能够促进整体消费经济的兴起，增强消费经济的外部性。具体表现为，人口的聚集增加了人与人之间直接交流沟通的机会，这无形中会使彼此的偏好和习惯相互渗透，产生相互攀比，从而进一步放大消费的规模。此外，人与人之间的密切沟通还会有效节约消费品的搜寻成本，当然这种理论的假设前提是消费者在购买的过程中存在着不完全信息，为此，如果想买到合意的商品或者服务就必须花费大量的时间和成本。

当然前面已经提及，人口聚集的作用可能是双重的，其负面效应不能忽视，尤其是当人口聚集程度过高时，其负面效应尤为严重：第一，人口过度聚集会提高通勤费用和地产租金，进而提高农产品和服务品价格，推高生活成本或劳动力成本。第二，人口过度聚集还会产生道路以及城市空间的拥挤，使人们失去基本的室外活动空间，难以获得足够的新鲜空气和充足的阳光，从而大大降低人们的生活品质。第三，人口过度聚集还会增大废气、废水和固态废弃物的排放，加大这些污染物运送、处理的成本和难度。当前学术界有一种普遍观点，那就是人口的聚集能够在污水和垃圾处理等方面形成规模经济，这是大城市聚集经济的重要表现。事实上，这种观点忽视了自然界本身具有处理人类废弃物能力的客观规律。事实将废气、污水和固态废弃物的排放规模控制在自然调节能够承受的范围之内，并尽可能地利用自然的力量进行净化才是最经济和可持续的。第四，人口过度聚集还会增大能源消耗的水平，使目前全球所面临的温室效应加剧。例如，人口密集的大城市所对应的高层建筑的电梯、供水的二次加压、热岛效应等都会加大能源的消耗，人口密度的提高往往会以能源消耗水平的增加为代价。此外事实上，人类的能源消耗中有很大一部分属于可再生能源或者说是生态能源。如果人口的聚集程度过高，将会使得许多生态能源的利用效率大大降低，甚至难以利用。第五，人口过度聚集还会造成水资源危机。这主要是因为人口聚集的程度越高，人口分布与水资源的错配就会越严重，有时甚至会严重损害水资源的再生能力。事实上，我国所推行的“南水北调、引江济淮”等重大水利项目，一方面有调节水资源在地理上分布不均的考量，另一方面也是为了有效缓解一些特大城市由于人口高度聚集而导致的水资源短缺问题。

## 二、城市聚集结构的再思考

从聚集经济的内涵阐述可以看出，无论是产业的聚集还是人口的聚集，都存在一定的“二重性”，即它们一方面能够产生外部规模经济，形成消费经济，但另一方面它们也有可能对人们的消费和生活产生严重的负面影响。因此，要实现聚集经济正面效应的最大化，实际上存在一个聚集结构的选择问题，即如何将产业聚集、交易聚集所产生的经济最大化与合理的人口聚集相结合。通常产业和交易侧重于效益的最大化，而人口聚集则侧重于生活质量和消费效用的最大化。事实上，在现实的城市化过程中，理性的聚集结构选择问题常常被有意或者无意地忽视了，这主要是因为“产业、交易、人口”三大聚集之间存在着较为复杂的互动连带关系，具体如图 6-2 所示。图中，处于主动轮位置的产业聚集和交易聚集的正效益常常被放大，而人口聚集的负效应又存在着一定的时滞，因此，在社会经济人追求聚集经济收益最大化的过程中会有意识或无意识地迫使人口聚集规模越来越大，从而使聚集的负效应也越来越大，甚至达到足以破坏人类生存环境的程度。结果整个社会就形成了一种“一方面追求收益最大化，一方面却以利益损失越来越大为代价”的矛盾的发展模式。这种空间布局上的结构性矛盾在中国大城市里可以说被演绎得淋漓尽致：一方面，城市规模越大，产业和交易聚集所创造的经济收益似乎也越大，如工资不断上涨，房地产价格和租金不断攀升，但另一方面却是钢筋水泥丛林比比皆是、交通阻塞严重，人们的正常生活区域受到噪音、热岛效应等严重污染，生活环境和质量难以保障，到头来，人们不得不重新进行聚集结构的思考和选择。

由此可见，在追求聚集经济效益最大化与报酬增长的过程中，重点要处理好三大聚集的关系，合理安排人口聚集规模和结构，以便使聚集经济的收益与可持续的生存环境形成最优的组合模式。上文已经指出，聚集对经济、

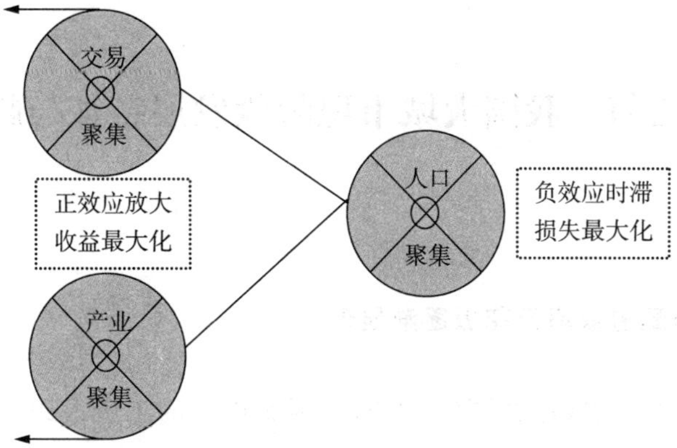


图 6-2　交易、产业、人口聚集关系示意图

生活的影响是多路径的，不仅能够通过劳动生产率和收入影响经济的状态，还能够通过非收入路径影响人们的利益，如聚集产生的拥挤效应和污染等，因此，聚集经济和外部经济之和的最大化应该成为重要的目标，不能只讲聚集经济，而忽视了外部的不经济，这应该是空间结构选择的一项重要原则。

从发达国家大城市发展的历史经验来看，像空气污染、道路拥堵等城市病一定程度上是可以得到有效治理的，但是必须付出高昂的成本。传统空间经济学在评价聚集经济时，对聚集成本做了简化处理，认为它只包括运费、地租等内容，事实上因聚集所产生的拥挤效应和因污染而产生的治理费用等也应该计入聚集成本。这意味着当城市化进入需要进行污染治理的阶段后，因城市规模过大而产生的高昂治理成本就会侵蚀聚集经济的各种正面效应，从而出现严重的聚集不经济现象。中国许多的大城市已经面临着艰巨的治理任务，不仅雾霾、水污染、土壤污染和温室效应等需要治理，被破坏的生态系统也需要修复。由此，我们可以提出这样的疑虑，像我国这样的人口大国，如果人口聚集都采取大城市为主的模式，高昂的治理成本很可能会进一步恶化聚集不经济的问题，而且生态环境是否能够重新回到可持续的水平呢？还有，社会发展的根本日的是最大限度地满足人们的各种需求，那么，人们对优良生态环境、静谧生活空间的追求又如何得到满足呢？这就为我们研究“中国应该采取以中小城镇为人口承载主体的结构，还是以大城市为主的结构”这一问题提供了一条思路。

## 第二节 我国大城市现阶段发展特征与趋势

### 一、资源配置效率天花板逐渐显现

许多研究和实践已经证实，不同级别城市间的工资差距与城市之间的人口密度和经济密度存在着高度的相关性，即工资与城市的聚集经济水平存在着较强的相关性。大城市由于人口聚集、资本聚集不断提高，因此会推动工资不断上涨。根据要素配置的基本原理，工资上涨则要求在劳动与资本的配置上进一步提高资本密度，在劳动资本密度不断上升的同时，大城市的土地资本密度也会相应不断提高，这就直接表现为地租不断上涨。但由于大城市的地租原本就较一些小城镇高很多，因此它们必须进一步使用资本替代劳动和土地的方法来消化劳动力价格的上涨，结果无论是单位土地资本密度的提高，还是资本的空间集中，都会进一步推高级差地租，从而导致工资上涨与地租之间形成明显的“推进”关系。因此，大城市产业发展所依赖的劳动、资本、土地等要素的配置会逐渐趋于相对的效率饱和。人口、资本等密度在大城市的过度集中会导致资源配置效率的“天花板”现象显现，也就是说大城市的聚集经济可拓展的空间会变得越来越有限。

当然这一现象也可以从聚集成本的角度进行解释。在城市规模过大的假设下，资源价格上涨会通过推高城市聚集成本而使得聚集的净收益下降，甚至会造成聚集不经济的冲击，结果是城市经济的活力和增长空间受到极大抑制。资源价格上涨所推高的城市聚集成本既包括产业成本又包括家庭生活成本。产业成本的上升要么挤压其盈利空间，要么迫使产品价格提高，两种被动的结果都会对产业发展产生抑制作用。而生活成本的上升无论是抑制消费需求的增加，还是提高劳动力的再生产成本，都会对产业发展产生负面作用。这样资源价格不断上涨，就会通过一个成本价格和消费需求的交替作用过程，使大城市经济陷入越来越严重的抑制状态。

## 二、去工业化趋势十分明显

在大城市，工资的持续上涨会迫使其产业结构产生两种重要的调整趋势：一是去工业化，二是迫使服务业具有越来越高的资本密度和规模经济。去工业化是指制造业因难以承受较高的土地租金或者高工资等成本压力，而被迫迁往城市外围和其他租金较低地区，或者直接引致衰退而使就业份额下降的现象。造成去工业化的原因主要是制造业的产品定价服从"一价定律"①。单个企业或城市通常难以通过产品定价来消化租金上涨的压力，企业只好选择外迁。20 世纪 70 年代以后，西方经济学主要采用阿隆索(Alonso)的竞租理论来解释城市产业与居住的区位选择。其基本原理是商业、工业和居住等因租金的承受能力不同而形成特定区位分布。根据这一理论，在工资持续上涨的条件下，租金是不断上涨的，去工业化就表现为一个"工资上涨—租金提高—去工业化"的持续过程。具体的作用路径可以示意为结构图 6－3。

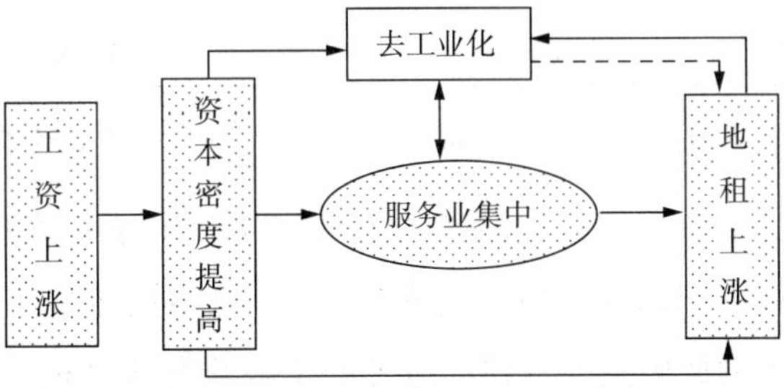


图 6－3　工资上涨对大城市的作用机理

据此推论，少数特大城市的租金水平如果持续升高，其制造业的份额就会持续下降到一个很低的水平。许多大城市的发展实践也证明这一推论完全正确。例如，以第二产业就业人数占总就业人数这一指标为例，东京 2008 年仅为 3.33%，纽约 2010 年仅为 12.5%，香港 2012 年仅为 3.7%。事实

① "一价定律"是由货币学派代表人物弗里德曼(1953)提出的，适用于商品市场的一种理论。它认为在没有运输费用和官方贸易壁垒的自由竞争市场上，一件相同商品在不同国家出售，如果以同一种货币计价，其价格应是相等的。即是说，通过汇率折算之后的标价是一致的，若在各国间存在价格差异，则会发生商品国际贸易，直到价差被消除，贸易停止，这时达到商品市场的均衡状态。

上，我国许多大城市的去工业化从2004年就已经开始了，这点从城市固定资产投资结构变动就能找到一些端倪。比如，北京、上海等几个一、二线城市自2004年起，8年间第三产业固定资产的投资增长率普遍高于第二产业投资增长率，具体见表6-1所列。

**表6-1　2004—2011年间部分城市固定资产投资结构增长变动表**

| 城市 | 时间段（年） | 第二产业 | | 第三产业 | |
|---|---|---|---|---|---|
| | | 固定资产投资额（亿元） | 区间投资增长率（%） | 固定资产投资（亿元） | 区间投资增长率（%） |
| 北京 | 2004—2007 | 1658.0 | 25.9 | 10977.9 | 62.6 |
| | 2008—2011 | 2087.7 | | 17847.5 | |
| 上海 | 2004—2007 | 4702.7 | 18.5 | 10274.8 | 44.6 |
| | 2008—2011 | 5574.6 | | 14858.7 | |
| 广州 | 2004—2007 | 1589.1 | 36.9 | 4831.7 | 91.5 |
| | 2008—2011 | 2175.9 | | 9252.8 | |
| 合肥 | 2004—2007 | 694.3 | 436 | 2273.1 | 204 |
| | 2008—2011 | 3726.5 | | 6916.9 | |

（资料来源：北京、上海、广州、合肥相应年份统计年鉴数据加工整理。）

上表中合肥全市在该时间段第二产业固定资产投资增长依然较快，但其总量还是远远小于第三产业固定资产投资，也不能否定市区去工业化的实际情况。具体的原因是外围郊区地带的工业化与市区的去工业化出现了同步发展的情况，具体见表6-2中对合肥市区及其郊区产业结构变动的进一步分析。我国其他大中城市二、三产业结构在市区和郊区的变动基本都是类似情况。

**表6-2　合肥市区与郊区产业结构差异分析**

| 区域 | 年份（年） | 第二产业GDP（亿元） | 第三产业GDP（亿元） | 三产/二产（比值） |
|---|---|---|---|---|
| 合肥市区 | 2004 | 188.5 | 204.5 | 1.1 |
| | 2007 | 396.5 | 517.0 | 1.3 |
| | 2011 | 331.5 | 977.6 | 3.0 |

（续表）

| 区域 | 年份（年） | 第二产业 GDP（亿元） | 第三产业 GDP（亿元） | 三产/二产（比值） |
|---|---|---|---|---|
| 合肥郊区 | 2004 | 40.9 | 34.0 | 0.8 |
| | 2007 | 127.2 | 86.8 | 0.7 |
| | 2011 | 1097.1 | 340.9 | 0.3 |

（资料来源：合肥相应年份统计年鉴。合肥市 2011 年的郊区包括了经开区、高新区和新站区。）

从二、三产业在大中城市结构的变动不难看出，服务业在这些地区趋向于越来越集中。这是因为与制造业相比，服务业具有一定的区位垄断定价特性，即可以通过提高价格来消化租金上涨压力。这就意味着服务业可以不迁移，但由于存在着价格的需求弹性，服务业也需要借助于提高资本密度来消化工资和租金上涨的压力，这些会进一步挤占大中城市制造业的生存空间。因此，我们在推进城市化的过程中，一定要注意形成合理的城市结构体系，以免造成制造业的整体衰退。

## 三、就业承载力迅速下降

一般认为城市规模越大，就业吸纳能力就越强，但资本密度提高、工资持续上涨等会产生一系列副作用，使其就业进入一个特殊的转折区。就业需求也会形成一些新特点，或者说是新的困难。原因主要可以从以下几个方面解释：

### （一）去工业化造成了低技能劳动力就业困难

威尔逊（Wilson）认为去工业化是造成城市贫民窟的主要原因，并把寻求低技能工作的机会作为改善城市贫民窟的主要途径。这主要是由于去工业化虽然能够促使就业结构向服务业转型，但许多制造业工人有可能因为难以适应服务业的需要而被迫陷入失业状态。去工业化一般在特大城市表现得尤为突出，这一趋势会使制造业的就业份额下降到很低的水平。我国快速城镇化的主要动力之一就是工业化，因此，许多的大城市原来都是工业型城市，如果说去工业化趋势不可避免，那么就意味着中国的大城市将面临一场严峻的就业转型挑战。其实，去工业化并不是说所有大城市的制造业份额都会降到很低的水平，一些大城市仍然会保持较高的制造业份额，之所以如此，主要是因为这些大城市在制造业的某一领域占有绝对优势，尤其是在人才和科技方面的优势是国内以及国外其他地区不可比拟的。然而，即使有着这样的优势产业，对应的产业升级也是不可避免的，而且还会较其他地区进行得更激烈，这同样不利于低技能劳动力就业状态的改善。概括起来，也就是说当劳动力价格、地产租金的持续上涨和资本密度的不断提高，促成大城市出现去工业化趋势以后，无论是工业企业的外迁，还是这些企业的转型升级，都会造成低技能劳动力的就业困难，这也是中国大城市近年来面临的难题之一。

(二)服务业资本密度的提高加剧了劳动力的结构性矛盾

去工业化的同时，服务业虽然可以在一定程度上通过提高资本密度来消化工资和租金上涨的压力，但也同样加剧了劳动力转移的结构性矛盾。企业应对劳动力成本上升的方法，在大城市主要是资本替代、提高资本密度或者发展能够承受高工资的知识信息型产业，不过这会提高对劳动力素质的要求。服务业应对劳动力成本上升的方法略有不同，它可以将工资和其他成本的上升转嫁到售价中，这是由于服务产品不可移动，通常具有一定的地域垄断性。但售价的提高会引起需求的收缩，这又会加剧竞争，这种竞争会促使服务业朝着追求规模经营和提高资本密度的方向发展，比如目前国内大型的游乐设施项目，较大规模是吸引来游客的基本前提。一般来说无论是工业还是服务业，资本密度的提高总是与企业经营规模的扩大相联系的，其结果都会降低单位产业规模的就业吸纳力，并不同程度地提高对劳动力素质的要求。国家统计局公布的农民工监测报告，可以为此提供一个证据：在外出农民工中文化程度在中专及以上的人数占比由2009年的10.4%，上升到2018年的13.8%。在劳动供给方面，农村劳动力转移遵循着择优转移的原则。随着劳动力转移程度的不断提高，农村可转移劳动力越来越弱势化了，在劳动力供求上就会出现一个质量缺口。城市化对大城市依赖的程度越大，这个质量缺口也越大，劳动力转移的结构性矛盾也会越来越突出。对于那些被过高的服务业门槛排斥在外的低技能劳动力来说，大城市中非正规经营可能就是无可奈何的谋生选择，因为，在规模经营使正规经营的门槛越来越高的条件下，它在客观上为非正规经营的繁衍提供了基础，这无疑会给城市的管理造成越来越大的压力，同时造成大城市阶层和差距的严重分化。上述分析的政策含义是：一个国家城市规模结构的选择应与整体的人口素质状态相适应，如果脱离人口状况而片面强调发展大城市，那么过度城市化的形成就具有一定的必然性。

（三）生活成本上升降低了就业吸引力

如果说去工业化和服务业资本密度的提高是从需求方面降低了大城市的就业吸纳力，那么过高的生活成本和房价则是从降低实际收入和消费效用方面削弱了大城市的就业吸引力。生活成本过高，对就业造成的负面影响是较显著的，比如，在许多大城市包括水电费等在内的居住成本已占外来务工人员工资的30%以上。在一些大城市，由于居住成本过高，一些职业者被迫到城市周边很远的“睡城”去寻求住所，结果又不可避免地带来过长的通勤时间消耗。再如，生活成本过高也制约了职业者对非就业人口，即孩子、老人的抚养能力，使许多人难以过上正常的家庭生活。在人们越来越注重追求生活质量时，当基本生存条件得到满足而情感需求日益凸显时，这些就会成为阻碍劳动力流动的重要因素。过高的房价对人口城市化的阻碍作用也是显而易见的。所有这些逻辑推理都意味着随着收入水平的提高，人们是否前往大城市，不仅要考虑工资的高低，还要考虑生活条件和质量。大城市生活成本高、房价高对劳动力合理配置所造成的破坏作用会逐步暴露出来。

不过，如果观察中国大城市的就业增长现状，情况似乎仍然比较乐观。比如，服务业总体仍然行驶在快车道上，对农村转移人口的就业仍然起着巨大的支撑作用，但只要对中国经济结构和发展特征有所了解的人都知道，这样的繁荣主要归功于投资拉动的增长模式，其中房地产市场的繁荣以及国家主导的大规模基建为此做出了重要贡献。房地产和基建领域就业农民工数量占到了我国外出务工人员的绝大部分，但这种较为单一的就业结构所潜在的威胁也十分明显：一是投资对就业拉动的边际递减效应会越来越严重；二是房地产市场已呈现出显著的饱和态势，过剩的供给有可能对未来的就业造成较大的冲击。

综上所述，在大城市去工业化、服务业资本密度不断提高等客观条件下，大城市所特有的产业结构与经济调整其实蕴藏着较为严重的转移人口就业问题，而且有些问题已经若隐若现地摆在了我们的面前。如何解决好城镇体系的就业吸纳力问题，如何在空间上通过优化产业结构分布和城镇体系结构应对可能的转移劳动力就业危机，如何实现城镇化、现代化的可持续发展，已经上升为中国宏观层面亟待解决的问题之一。

## 四、资源短缺与污染日趋严重

### (一)自然资源的短缺日益严重

大城市的资源需求量一般非常大，这就很容易刺激城市将一些资源的开发推向极限，进而破坏资源的再生能力，造成资源供给短缺，或者使有限的资源受到污染和破坏。大城市这一特性在水资源的开发与利用方面最具有代表性。中国古代可谓是江河纵横交错、湖泊星罗棋布的风水之地，以至于亚当·斯密认为，中国之所以很早就有灿烂的古代文明，很可能与江河纵横所形成的发达的古代水运有关，并赞扬中国古代水运范围的广阔，即使把埃及的尼罗河和印度的恒河加在一起也望尘莫及。而如今，这一水资源状况发生了重大的变化。在一些区域的城市出现了江河断流、水污染严重、水资源危机日趋显现等令人忧虑的情况。2014 年中国有超过 400 个城市缺水，其中 108 个城市严重缺水，这可以说是不合理的城市化对区域内水资源的涵养能力产生破坏作用的宏观证据。就单个城市而言，由于大城市的水资源需求量大而且集中，很容易造成城市周边水源的断流或干枯，使地下水位逐年下降，为了解决供水问题而修建的引水和蓄水工程，虽然在短期内能够保证城市供水，但又会不同程度地对生态环境以及水资源的再生能力产生破坏作用。这种以水资源涵养能力的破坏为代价的人造供水系统所形成的“肤浅”的水循环模式，短期也许能缓解“城市之渴”，但从长期看，必然会造成城市与周边地区“蓄水与疏流”能力的大幅度下降，必然还会加剧水资源供给短缺的趋势。尤其是城市地面硬化面积过大、植被空间被城市建筑物大规模挤占，这些都大大降低了地面吸水、渗水和保水的能力。遇上降雨量大幅度上升时，就会形成城市的“看海”模式。当人们纠结于这些城市灾害究竟是天灾还是人祸时，是否会想到人口聚集结构的不合理、城市规模过大所造成的水循环系统紊乱才是最根本的原因。

(二)污染问题日益严重

污染目前是我国城市化发展过程所面临的一个严峻问题。当然,它与城市的过度聚集发展也不无关系。一般而言随着集聚程度的提高,污染排放也会不断加大,由此造成的损失和污染治理所产生的费用,必然会冲减聚集经济的净收益,这也是目前我国城市聚集结构必须调整的重要原因之一。过度的产业、人口聚集会加重城市的污染问题,这可以从污染排放的规模递增以及污染的临界点两个方面来解释。

第一,污染排放能力的规模递增是指在既定的技术条件下聚集规模越大,污染排放能力就越强。这可以从生产和生活两个方面做出简单的解释。一般聚集程度越高,二、三产业发展程度就越高,那么在技术条件不变的情况下,人均的工业与第三产业的污染排放能力也就越大。此外,人均收入水平与物质产品消耗水平的增加也会增加污染物的产出。虽然通过改善技术条件能够降低污染的排放能力,如淘汰落后产能,提升燃油品质,加强火电、水泥、化工等重点行业的脱硫、脱硝、除尘改造等,但许多新技术的应用只能一定程度上减小规模递增的系数,降低各种废气、废水以及固体废弃物的生成速度,它们并不能改变污染排放能力的规模递增倾向。当然,污染排放能力存在着规模递增倾向,并不是说实际的污染状况必然会越来越严重,实际的污染状况还取决于污染治理情况,这就类似于一方面在做"加法",一方面在做"减法",最后正负的结果取决于双方的数值。通常说来,治污可以从事前、事中降低污染排放和事后加强治污力度两方面着手。前者主要指控制污染规模和减少污染形成过程,如提高洁净生产的程度、推广清洁能源的消费,后者是指在污染后加大污水、固体废弃物的收集和处理力度。

第二,同一般的产品生产类似,污染治理也存在着一定的规模经济,这可以从治污部门的知识外溢以及集中式治污可以降低单位固定投资成本等方面来解释。但是,如果据此来盲目地得出如下推论"城市的规模越大,污染的治理效果就会越好;小城镇由于缺乏污染治理的规模效应,必然会形成污水横流、垃圾成山、环境恶化的局面",那么就有些片面和武断了。因为,规模经济也是有数量界限的,而且污染的形成和治理还存在一个临界点的问题。临界点是一个与污染排放能力规模递增倾向有着密切联系的概念。所谓临界点是指在这一点以后污染排放能力开始大于自然界的自我净化能力，环境开始恶化。事实上，自然界对于人类所产生的废水、废气具有一定的自我净化功能。比如，传统农业社会中人类和动物的粪便通过一定的处理重新进入土地转变为植物养分就是最直观的说明，但是当一定范围的污染物的量超过了自然界的临界点，那么污染的问题就会显现。目前，最为突出的就是大城市周边的固体垃圾处理问题。由于数量过于庞大，加上处理过程简单，因此许多地方都出现了严重的土地以及地下水源污染问题。2015年12月20日发生的深圳特大渣土滑坡事件，就是建筑垃圾堆放规模过大而衍生的次生灾害。这次环境事故共造成了73人死亡，17人受伤，直接经济损失达8.81亿元。因此，如果忽视自然界临界点的存在，片面地强调发展大城市就会造成更严重的污染，尤其是空气污染、水资源污染等。再次回到理论方面，学者们其实很早就围绕地理脆弱性等指标研究发现，人口聚集的程度越高，以领地领空占有形式对周边生态环境的负面影响和破坏也就越大，尤其是对生物多样性和生态平衡的负面影响，从长期看也将逐步削弱环境的生态承载力。

如今超大城市的垃圾处理问题已经成了世界性的难题，这本身就说明城市规模过大时，在垃圾处理上存在着规模不经济，此外在某些污染的治理上规模效益是很难见效的，如大气污染，人口的过度聚集只会导致治理的难度增加。

### 五、聚集经济受网络交易冲击巨大

在分析聚集经济中交易聚集这一形态所产生的巨大作用时，我们是以传统的交易模式，即面对面的交易为前提条件的。然而，随着我国互联网应用领域的不断拓宽以及物流业的快速发展，网络交易不断兴起，这一经济形态的转型对传统的聚集经济产生了巨大的影响，使得原有的一些聚集经济形态变得毫无意义，同时也对聚集经济的形成产生了一些新的要求和条件。网络交易对聚集经济形成的影响主要体现在交易方式上，其中，对因人口与商业的聚集而形成的商业聚集经济和相应的消费经济的影响表现得尤为突出。传统经济中，人口聚集能够引起商业的聚集，商业的聚集又反过来吸引人口聚集，二者相互作用，最终促成城市的繁荣。而网络交易和网络经济的深入发展则彻底改变了这种状态，甚至使居住的聚集结构发生逆向的变化。

网络交易对交易聚集的影响可以从交易的两个主要环节开展分析，即合约的缔结和商品的交割。

传统的交易中，地理上的集中能够使交易在合约订立环节大幅度提高效率，比如，可以有效降低信息收集和商品选择的成本，又可以在多种交易同时进行时形成范围经济，这是交易聚集能够形成聚集经济的重要原因之一。而网络交易则改变了这一交易形式，它能够克服空间距离给交易者所带来的缔结合约上的不便，即使交易者分散在一个较大的区域内，他们也能够借助网络信息平台，用很低的成本完成合约的订立。因此，如果将“面对面的假设交易条件”替换为“网络交易的假设条件”，那么交易的地理集中在合约缔结环节上所形成的聚集经济就完全失去了意义，也就是说，在合约缔结环节上网络交易对交易的地理集中具有很强的替代作用，会使后者失去意义而趋于衰落。

从交割与运输环节来看，网络交易对聚集经济所形成的影响则主要表现在聚集结构的调整上，即对最优的聚集结构提出了不同的要求。传统的交易聚集中，为了减少交易路径、节约成本，将交割地集中于中心地无疑是最优的选择。但是，如果网络交易形态替代了传统的交易形态，即传统的“厂商—集散—消费者”路径直接简化为“厂商—消费者”的路径，那么情况就变得大不一样了，具体见图 6－4。事实上，目前这种商品的交易形态已经成了现代经济社会的主流形态。

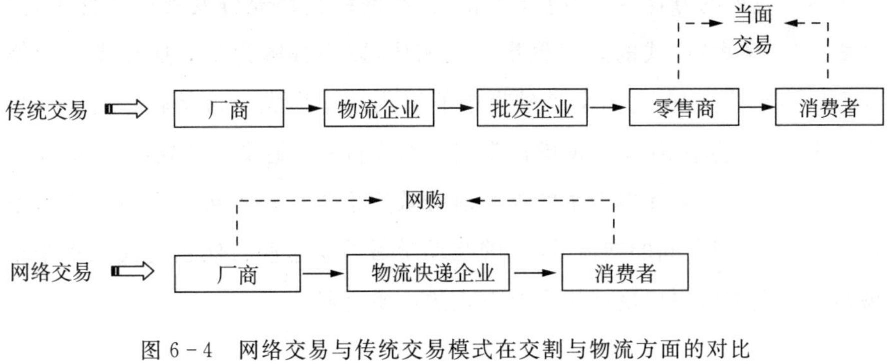


图 6－4　网络交易与传统交易模式在交割与物流方面的对比

在传统商业模式下，商品由产地运往消费者所在地，再由零售商业部门面对面地销售给消费者。由于商业部门要求规模经济，需求量过小会使单位产品的商业设点成本巨大，所以人口聚集的规模越大，商业部门的经营效益就越好。此外，交割与运输环节聚集经济的形成也是以人口聚集为条件的，人口聚集的程度越高，交割和运输的效率也就越高。这种内在的作用机制正是“人口聚集”与“商业聚集”二者之间能够形成相互推动关系的重要原因，而正是这种推动关系使人口在同一地理位置的持续聚集具有了特定的经济意义。然而，在网络交易模式下，商品由产地直接运往消费者所在地的物流仓库，再由快递企业送货上门，它并不要求某一居住地的人口越多越好，只要居住地的人口能够满足“零担运输”①的最低规模要求，业务就可以开展。因此，从交割与物流角度上看，在网络交易条件下，人口在某一地点的无限聚集的节约效应将大幅度下降，只要采取居住点能够满足最低规模要求的网络式聚集结构，同时，一个物流中心所覆盖区域的总人口足够大，同样也能够满足运输规模经济的要求。如果再考虑到交通运输条件的改善还能够有效降低运输成本，那么，我们不难得出这样一个推论，即网络交易的发展和交通运输条件的不断改善，将会使人类的聚集结构有更多的选择。

总之，在网络交易形式的冲击下，传统的地理聚集在合约缔结环节以及运输交割环节的效率和成本优势无疑受到了极大的挑战。网络交易条件下，人口聚集与商业聚集间相互推动机制也会受到进一步的抑制，它们之间的相互作用所形成的聚集经济将不再具有以往传统社会中的重要意义，因此也不再是推动人口聚集的原因之一。结合目前我国新型城镇化战略中激活小城镇发展的方针，我们有理由相信，在网络交易充分发展的条件下，同大城市的“摊大饼”式的人口聚集模式相比，以小城镇为基本居住点的网络式人口聚集结构，在商品交易过程中的聚集效率损失应该是较小的。如果再考虑到 5G 远程沟通、VR 虚拟现实技术等新型沟通交流方式的兴起，那么原来只有人口聚集才能产生的许多消费效用也将变得不再以人口聚集为条件了，如亲戚朋友间的交流、课堂的互动学习等。这些自然也是我们将中小城镇作为人类居住聚集结构主要形式的重要论据。

① “零担运输”通常指在托运领域，当一批次货物数量较少，不足以装满一节货车车皮或一辆运输汽车时，进行运输在经济上是不合算的，此时由运输部门安排和其他托运货物拼装后进行统一运输。

从城市发展史的角度来看，小城镇本身就是城市的起点。在后工业时代，小城镇无疑将再次回归。借助于网络、大交通等手段，城市的形态将日益抽象，弥散性的城市有可能无法与村镇加以区分，而这恰恰是小城镇的未来之道。

## 第三节　小城镇优化大城市经济的机理

### 一、小城镇是改善大城市资源配置结构的重要载体

从前面大城市资源配置效率天花板现象逐渐显现的论述中，我们知道大城市普遍存在一种工资上涨与地产租金之间明显的“推进”关系。然而小城镇由于“地租低廉”，并不会产生上述内生于工资上涨推高土地资本密度的作用机理。当然一些具有发展旅游业、商贸等区位优势的小城镇，也有可能出现资本密度推高地租的情况，但这在我们的分析中只能按例外对待。大部分小城镇地价较低、土地供给较为充分这一假设前提还是十分合理的。

大城市过高的地产租金还会继续引发大量的地产投资，从而推动地产价格的进一步上涨。这种地租和房地产升值过快会直接对大城市产业发展产生重要影响。近年来北京、上海等大城市租金过快上涨，对商铺造成的冲击就为此提供了充分的证据。与大城市不同，小城镇基本上没有这种源于产业方面原因所推动的地产价格上涨，其地产价格的上涨主要由供求关系来解释。

基于地产租金的差异，小城镇与大城市在生活成本方面的差异也十分明显。由于经济学中的土地泛指一切自然资源，所以土地租金的上涨也就包含了水、油、气等资源性服务价格的上涨，进而交通运输费用和通信费用的不断上升，这些都客观上加大了生活成本上升的压力。与此不同，小城镇生活成本低，并不是简单地源于地租、劳动力价格低等，它所具有的聚集经济优势也是一个重要方面。聚集成本低的小城镇往往可以形成一种趋势性优势，即可以通过提高聚集程度来消化劳动力价格的上涨压力，这与大城市因聚集程度过高而产生的扩散效应形成了鲜明的反差。此外马克·格兰诺

维特(Mark Granovetter)曾提出,聚集的社会网络模型是以区域为基础,通过促成企业间的信任与合作关系来形成聚集经济的模式,它揭示了中小城镇形成聚集经济的另一条途径,结合考虑现代化的电商与网络交易的充分发展,小城镇完全有可能把较低的生活成本、地租与聚集经济结合起来,为产业要素的高效配置、产业发展、就业增长提供良好的基础。

## 二、小城镇是优化大城市产业结构与环境的重要手段

在城乡分离、对立的早期,城乡差距、大城市的聚集经济优势和市场机制这些因素的共同作用会使大城市优先发展,并进入一个快速发展期。但当城市化到了一定程度,由于聚集成本过高和聚集不经济越来越严重,又会产生逆城市化的趋势,这时小城镇发展的机遇就到来了。其中承接大城市的产业转移就是重要的发展机遇之一,当然这一过程还能有效地优化大中城市的产业空间和工业生态环境。

我们知道城镇化过程中城镇体系就业岗位的可持续性增长是吸纳农业转移人口、城镇化顺利推进的重要条件之一,然而随着我国大城市去工业化以及社会生活成本不断攀升,以大城市为主体的城镇体系的就业增长就会面临困扰。我国是一个人口大国,其中农业人口基数仍然很大,所以这一问题会表现得越来越尖锐。目前我国已慢慢成为一个制造业大国,那么在上述城镇化就业困境下,现有的制造业份额是努力继续保持在国内?还是任其转移到国外?对这一问题的回答无疑关乎我国经济的可持续发展。有一种十分流行的观点认为,劳动力成本上升会导致制造业大规模地向国外转移,欧美等一些发达国家制造业的大面积衰退就是最典型的佐证。然而这并不是绝对的,因为,劳动力成本、地产价格的上升在一个国家不同区位也是不同的。在我国,即使大城市和沿海地区的劳动力成本和地产价格达到较高水平,许多内陆地区的小城镇劳动力成本和地产价格仍然相对较低,因此,产业从大中城市向中小城镇转移也是解决问题的方法之一。虽然富士康、耐克等目前已经出现了将大量代工工厂从中国沿海地区迁往东南亚的趋势,但笔者相信,如果国内中小城镇产业发展环境能有效改善,那么由我国中小城镇承接东南沿海地区因去工业化而形成的产业转移在理论上是可行的。此外,新经济地理学的一项研究成果曾指出,只要有便利的运输条

件，小城镇也足以启动内部规模经济、承载大企业，原因是周边的中等城市就足以满足地方化经济的要求。艾伦·J·斯科特(Allen J. Scott)的生产周期选择理论也曾指出，当企业发展成熟后会变得越来越不依赖城市，在远离中心城市的小城镇建立分支企业可以降低成本，增加盈利。根据这两种理论，小城镇不仅能够承接传统的或一般的制造业转移，也能承接高新技术产业的转移，甚至能承载科技创新园区。当然承载建设科技创新园区需要具备一定的区位条件，即与高级别的大城市之间既不能太远又不能太近，从而使其能够把土地、生活成本低的优势与大城市的城市化经济辐射有机结合起来。

事实上，小城镇吸引大企业在其建成区内设址，在欧美发达国家是一种普遍现象。以德国纽伦堡市下辖的三个小城镇为例：埃尔朗根(Erlangen)，人口约10.6万人，但它是西门子公司多个分支机构的所在地；赫尔佐根赫若拉赫(Herzognaurach)，人口约2.3万人，但它是三家全球体育用品公司阿迪达斯、彪马、舍弗勒总部所在地；依普霍芬(Iphofen)，人口约0.44万人，但它是全球活跃的建材家族企业可耐福的总部。小城镇能够吸引大公司的原因，主要是其宜居程度往往远优于大城市，这其中包括高品质的教育与健康服务、优美的环境、便利的休闲设施等。

由中小城镇承接大城市因去工业化而形成的产业转移，还可以起到优化产业空间布局的作用。依据阿隆索的竞租理论：企业在城市中的区位取决于它的租金支付能力，因此产业在城市中的分布是商业、服务业位于中心城区，而制造业一般位于城市的边缘地带。在这样的假设前提下，随着城市规模的持续扩大与地租的不断上升，城市的产业空间结构会进行再次调整，制造业还会向更远的边缘地带再次迁移，应该说这种"摊大饼"式的城市化扩张模式有其内生机制，但最终必然会造成越来越严重的聚集不经济，因此，理性的选择是不能任城市肆意蔓延，而应该为城市划定边界，我国许多城市规划中红线的划定就是基于这种考虑。在红线约束的发展条件下，由中小城镇直接承接大城市的产业转移，实际上也是与城市红线边界、城市功能调整相配套的一种有效措施。因此，无论何种原因，中小城镇在这样的产业空间结构优化中都是重要的，它一般都有可能发展成为新的专业化产业集群。

小城镇承接产业转移的另一种形式是通过小城镇及其所构成的网络状结构来优化大中城市的工业生态环境。研究证明，大城市企业外迁的动机主要包括公共政策、基础设施问题、劳动力以及交通可达性。即使不考虑公共政策的影响，如果聚集成本太大，使基础设施建设和维护成本过高，或者是交通拥挤严重削弱了交通的可达性，都会抑制工业的发展，甚至破坏工业的生存环境。因此，对于工业城市来说，运用小城镇的结构来分流人口、物流与仓储、文体与教育等城市功能，或者构建一种网络状的聚集结构，以便能够为工业，尤其是高新技术产业发展提供良好的空间环境，无疑是一个很好的思路对策。近些年来，大城市周边不断出现的卫星城其实就是中小城镇承载产业转移的一种普遍形式。当然，这种形式的产业转移已经不局限于制造业，更多的时候是表现为立体式的"教体文卫"以及服务业等全面转移。比如高等院校、科研机构、文艺中心、大型市场等。通常这一类产业转移与大城市的功能调整或重塑有关。当然，根据反磁力吸引理论，卫星城必须能够在就业居住与服务等方面形成配套，才能发挥疏散大城市人口和功能的作用，否则就仍然是大城市的简单蔓延。

### 三、小城镇是弥补大城市就业承载力下降的重要方式

工资上涨促成了大城市与小城镇的空间分异以及大城市就业吸纳力的下降，客观上为中小城镇增强就业承载力创造了可能。它自身所具有的地产租金低、生活成本低、劳动力价格低等优势，再加上空间区位优势以及良好的自然环境等，不仅使它能够把这种可能变为现实，而且使其在就业结构优化方面有着巨大的作用空间。在空间经济结构演化的背景下，小城镇就业承载能力的强化就是一种必然的结果。

一方面，大城市的去工业化和服务产业升级，提高了劳动力素质门槛，这就要求中小城镇能够补上相应的就业空档；另一方面，城市化的推进会从农业中进一步释放出劳动力，也需要中小城镇能够吸纳这些劳动力。根据一些学者的估算，目前中国农村至少还有1.5亿以上的农村剩余劳动力需要转移，这部分人口的城镇就业问题如果得不到很好的解决，不仅会造成人力资源的巨大浪费，而且还会加剧农村的人地矛盾，造成耕地和其他资源的掠夺式开发，进而使农村越发贫穷，影响城乡融合发展。早在2000年中共中央所提出的《关于促进小城镇健康发展的若干意见》中就明确提出："发展小城镇，可以吸纳众多的农村人口，降低农村人口盲目涌入大中城市的风险和成

本，缓解现有大中城市的就业压力，走出一条适合我国国情的大中小城市和小城镇协调发展的城镇化道路”。当然，当年这一意见的出台主要是基于“发展小城镇是带动农村经济和社会发展的一个大战略”的基调，那么，今天我们重新讨论小城镇产业发展、就业等问题，已不能仅仅从农村经济发展的视角了，而需要从一个城乡融合发展的大视野进行讨论。

因此，综合以上分析，小城镇就业承载能力的强化应该是上述两方面力量共同作用的结果。

### 四、小城镇是缓解大城市资源短缺与污染的重要途径

在资源环境领域，小城镇相对大城市的积极意义主要体现为两个方面：

第一，缓解大城市的资源短缺问题。由于地理空间特征的差异，大城市和小城镇在资源的供求特性方面存在巨大的差异。一般来说，大城市往往表现出只消耗资源，不能再生资源。大城市由于土地昂贵、高楼林立以及治污难等原因，大大限制了其能源使用的类型，而小城镇则可以利用其区位和特有的自然条件，再生某些资源，从而最大限度地做到资源供给与需求的自然平衡。比如，较为典型的案例就是德国，它通过小城镇与村落相结合的空间结构，在风能、太阳能、沼气、地热生物能源的利用上取得了骄人的成绩。预计到2020年，其再生能源占德国总能耗的比例将接近30%。

第二，缓解大城市的污染。污染其实是与聚集过程和城市化密切联系的一个概念。一般而言，随着集聚程度的提高，污染排放也会相应地不断加大，由此造成的损失和污染治理所产生的费用，必然会冲减聚集经济的净收益。虽说在污染治理方面也存在规模效应，但规模太大会增加治理的总成本，而且会扼杀自然生态的自我调节能力。比如，以大气污染为例，大气污染物排放累计达到一定程度，就会破坏自然的自我净化能力，使污染的状况加速恶化。曾经伦敦的“雾都”称号，以及目前我国大城市频繁出现的雾霾就是最典型的例证。相比较之下，在生活污染治理方面，临界点治理无疑是一种更具有优势的治理方式，即把污染控制在临界点之内，更多地借助于自然力量进行分解治理，这意味着中小城镇作为人口承载的主体在污染治理上也是具有优势的。此外，城市规模过大，人口过于聚集，还会极大地增加病毒性疫情大规模传染的风险。

# 第七章 小城镇促进城乡一体化发展的路径分析

小城镇不仅是中国城镇金字塔中数量最多的底座，也是架在大中城市和乡村之间的桥梁。它们在城乡资源要素合理流动、城乡产业融合、城乡生态环境治理等方面的意义无疑是重大的。在前面深入细致地分析了小城镇与农村、小城镇与大城市互动发展各种内在机理的基础上，本章将进一步在城乡总体的视域和框架下，从静态和动态发展两个不同的视角对小城镇推动城乡经济、社会、环境的融合和一体化发展路径进行探讨。

## 第一节 基于静态视角的分析

### 一、承载优化城乡产业结构和布局

#### （一）承载优化城乡工业结构和布局

根据二元经济假设，如果农村与城市之间只存在工资上的差异，城乡间其他因素都相同，那么劳动力就会向城市非农产业转移。如果假设不满足，即城乡在其他因素上存在差异，比如农村有更廉价的土地、更宽松的污染约束条件，那么产业也有可能在农村选址。因为一般情况下，农村非农就业的工资会低于城市，再加上廉价的土地和其他自然资源，这就会使资本获得更高的超额利润，这就是农村工业化的主要逻辑之一。中国在20世纪80年代中后期，东部地区乡镇企业快速兴起，以及所谓的农村工业化、乡村城市化就属于这样一种类型的产业空间演化格局，这些现象主要反映了农村本土化经济发展的需求。由于这种乡村工业具有生产规模小、分散程度高、专业化程度和管理水平低等缺点，所以一旦遇上经济萧条或城市规模经济的兴起等情况，其走向衰落就是必然结果。但仍然有许多地区的乡镇企业以及民营经济生存并壮大了起来，如珠三角、长三角地区，究其根源，是因为这些地区小城镇逐渐繁荣和兴起，为农村工业化提供了较好的聚集发展空间。

小城镇除了承载农村劳动力、资金以及土地等要素的聚集、响应农村内生发展的需求以外，它还充分吸纳了各种外来力量，其中最重要的就是大中城市工业资金、技术，并推动它们与本地优势要素相结合。我们知道城市工业为了发展和生存，一方面会追求获得最大限度的聚集经济好处，另一方面又要尽可能降低土地租金成本，而这两个目标往往是相互冲突的，因此为了平衡这一矛盾，工业企业通常会选择在城市边缘和外围地带设址，这样就满足了既能够获得聚集经济的一些溢出，如市场合作、技术信息、高级技术人员等，又降低了土地成本。因此，在二元经济条件下，城市存在着低层次、粗放型扩展的趋势，城市占地面积会以“摊大饼”的模式较快地向外围扩张。加拿大学者麦基(McGee)1972年考察东南亚时所定义的Desakota区，即农业与工业、城镇与农村杂混布局的混合区，就是这一经济现象的典型写照。当前我国已经具备较为全面的工业体系，工业的发展自然也进入了一个提质增效的阶段，因此，这种粗放式的扩张模式显然难以适应时代发展的需求。小城镇的优化布局，以及一些重点小城镇逐渐培育成长为中小城市的城镇化战略无疑是应对城市工业调整升级的一项有效措施。

### (二)承载优化城乡服务业结构和布局

一国服务业发展有一个最优的空间结构选择问题，即在经济水平与人口素质一定的条件下，什么样的人口聚集结构能够使服务业的就业量和服务覆盖面最大化。由于服务业的就业规模和服务覆盖面主要取决于人口聚集的总规模，而人口聚集规模又取决于聚集结构，这就决定了在经济水平与人口素质一定的条件下，可以通过大力提升中小城镇的人口承载作用来最大限度地推动服务业的发展，将原有的“大城市一枝独秀”的服务业发展模式塑造为“大中小城市百花齐放”的发展模式。我们可以假设有这样两种聚集结构：以大城市为主和以中小城镇为主。由于大城市的聚集成本和服务业的经营成本都远远高于中小城镇，对劳动力的素质要求也较高。相比较而言，以中小城镇为主的聚集结构所形成的聚集总规模毫无疑问要大于前者。此外，农村人口也有一个聚集程度的问题，即所谓村落人口居住得相对集中还是分散。以小城镇为人口承载主体其实还内含有利用“小城镇-村落”的网络结构来提升农村人口聚集程度的内在逻辑。拉美一些国家的实践已经证明，前一种聚集结构会造成人口过度聚集于少数特大城市，造成服务业发展主要基于少数人，且不同程度地走向畸形，而同时农村的聚集程度又很低，以致连获得基本的服务供给都很困难。因此，通过发展中小城镇来提升聚集的总规模与总水平，并借助中小城镇具有发展劳动密集型产业和农业农村服务业的优势，推动大众消费，拓展公共服务业覆盖范围，最大限度地扩大受惠人群，无疑是推动一国服务业结构优化的一条重要路径。在当前私家汽车、高铁等交通方式日益发达的条件下，中国小城镇服务业的兴起无疑具备越来越好的条件。

马歇尔曾经分析英国工业化过程对非农就业结构的影响后指出，农户原来自给自足的各种劳动被专业化的劳动所替代是促成非农就业发展的一个重要基础，比如，农业机械化播种、收割、病虫害防治等服务业的发展。一方面中小城镇的发展可以为各种劳动的专业化提供条件，另一方面通过发展中小城镇的服务中心职能，不仅能够最大限度地开发腹地，而且能为大中城市的服务业高端化发展提供转型升级的空间。通过发展中小城镇，最大限度地提升农村消费的商品化和社会化程度，实际上也是夯实一个国家服务业发展基础的重要环节，这点对于我国来讲，无疑具有特别重要的意义。以人口城市化为契机，依托中小城镇解决好几亿农村老人与儿童的基本公共服务问题，可以为公共服务业发展奠定一个良好的基础。此外，通过运用卫星城、小城镇群等结构形态，帮助大城市或城市群来解决人口资源与环境压力过大的问题，也是中小城镇在空间上发挥优化服务业结构作用的一个重要方面。

(三)促进城乡各产业的融合发展

城乡的一体化发展既有赖于一、二、三产业各自的发展壮大，又有赖于一、二、三产业之间的有机融合。以农业与其他产业的融合为例，小城镇在延长农业前后向产业，促进全产业链融合方面优势明显。我们知道，现代化农业是高度商品化、高度产业化的农业，这两个特征都要求推动农业前、后向产业的大发展，增加就业机会。首先，农业高度商品化的发展要求农产品市场与农业要素市场达到高度发达状态，这会带动市场建设、农产品物流与仓储、农产品交易与销售、农业要素供给等相关产业的发展；其次，农业商品化与产业化的发展还会引致农业服务的发展，促使其进行更细的专业化分工，形成一个多元化、多层次的新型农业社会化服务体系；第三，农业商品化与产业化的发展能够推动农业产业链的延伸，形成农、工、贸一体化和一定程度的农业产业聚集；第四，农业商品化和产业化能推动与农业相关的衍生产业发展。如观光农业、休闲农业、设施农业、农产品加工制造业、乡村旅游业等。虽然很难说这些衍生产业直接形成于农业的商品化和产业化，但农业的商品化和产业化为这些衍生产业的形成提供了基础是毫无疑问的，尤其是农业要素的完全商品化和农业收益的最大化，可以说是推动这些衍生产业形成与发展的重要源泉之一。

农业产业链的延伸、多元化与多层次的新型农业社会化服务体系的建立、农业衍生产业的发展，这些与农业有关的非农产业都能够增强中小城镇的就业承载力，当然这些条件的具备又都依赖于小城镇的健康稳定发展，二者之间存在一个良性互动的推进机制。

（四）促进城乡小企业集群发展

除了宏观产业层面的发展和融合功能，小城镇在促进中观层面的小企业集群发展方面优势也十分明显。为什么选择小企业集群作为讨论对象，这与我国城乡一体化进程中农村转移人口总量巨大、劳动力水平参差不齐的现实密切相关。小企业不仅具有较高的产值就业比，而且在劳动力需求上也具有较大的包容性，这就决定了它在城乡融合发展的过程中能够发挥特别重要的作用。

然而小企业及其集群的发展有一个空间条件问题。比如，美国的硅谷发源于洛杉矶地区的小城镇，而不是产生于纽约或芝加哥的中心商务区，本身就揭示了小企业集群的空间奥秘。小企业发展需要较低的外部成本，最主要的是较低的劳动力成本、地产租金和较低的聚集成本，而小城镇则能够满足这些要求，并且小企业集群又能够帮助小企业获得外部经济。如果单独看小城镇的优势，所产生的吸引力似乎还不够有说服力，但如果结合大城市对小企业的各种排斥力，如土地要素价格不断上涨、聚集成本不断加大导致小企业难以存活的现实，那么小城镇保障小企业生存壮大的结论就会更加有说服力。由于交通运输与通信条件的改善，远距离的交易成本大幅度下降，从而使那些虽然远离大中城市，但由于受到其城市化经济辐射的小城镇具有了特殊的区位优势。如果能够使小企业与小城镇间的相互适应性与区位优势相结合，就很容易使小城镇与小企业集群之间形成一种内在的孪生关系：小城镇为小企业集群发展提供良好的产业环境和空间条件，而小企业集群发展又能反过来提升小城镇的城镇化水平。

当然，大城市也不是不能发展小企业集群，但为了保证它能够长期获得较低的聚集成本，就必须为其划定区域，并为之付出高昂的土地与机会成本。一般说来，在有更好的土地规划和用途的前提下，大城市不愿意这样做，即使做了，小企业集群也会在产业升级的口号下，被大企业吞并重组掉，所以许多大城市中小企业的生命周期是很短的。与此不同，“小城镇＋小企业集群”的模式由于能够避免大城市的过度聚集不经济所造成的巨大冲击，往往使小企业集群的发展具有更好的可持续性。另外，小城镇与小企业集群的耦合发展也为充分利用社会网络模型、提升聚集水平提供了良好的基础。

## 二、提高自然人文资源利用保护效率

### (一)提高城乡自然资源利用效率

从上一章大城市和小城镇在自然资源供需方面的特征分析可以看出，无论是在资源利用种类的选择方面，还是在资源再生保护方面，小城镇都有着更多选择，以及利用方式更和谐、利用效率更高等优势。我们知道属地资源在一定区域内的供给是有限度的，如果出现了短缺，就会以这样或那样的方式对城市化造成负面影响。比如，近些年来许多大城市出现了房价连续上涨和供水紧张的情况，就是对应属地中土地和水资源短缺的具体表现，因此，使人口聚集结构与属地资源的分布结构相适应，以最大限度地实现属地资源的供求平衡，是顺利推进城乡融合以及城镇化可持续发展的重要条件之一。在城镇化以及城乡一体化持续推进的进程中，采用以中小城镇为人口承载主体的结构，无疑能够在不断改善生态与环境的条件下，最大限度地实现资源供求平衡。小城镇能以生态化的资源利用模式，最大限度地改善城乡资源利用方式，提高利用效率的内在逻辑主要体现为以下几个方面：

第一，小城镇可以最大限度地利用城乡分散状态的资源，提高资源的总体利用率。以土地资源的利用为例，中国许多农村地区土地资源分布十分不均，如云南、贵州、江西等地区都以山区地形为主，平坦地貌占比很小，这样的地形地貌条件下，如果任由一般的村落以及分散在山区的农户散乱发展，那么势必会造成山区林地资源的滥垦滥用。在一些生态脆弱区还可能会引发严重的生态危机。因此，对于这些省份来说，如何既能充分利用好分散分布的土地和水资源，又能够实现城镇化文明的扩散，就是一项需要认真研究的议题。毫无疑问，在一些地区退耕还林、推进山林连片经营管理、推进自然村落整合优化、选择好“村落-小城镇-大中城市”的互联互通结构就是一种利用分散土地资源的有效方式。

再以水资源的利用为例，水资源可持续利用的基本思路无疑是调整人口聚集结构，使之与水资源的分布相适应。在一定的人口聚集结构下，恢复和扩大水资源的涵养能力，提高水资源的再生和储藏能力，完善具有良好下渗、疏浚和蓄水能力的水循环系统无疑是保障这一思路得以实现的重要基础。我国许多大城市由于建成区大面积的地面硬化、填湖、填海造地，从而造成渗水、吸水功能严重退化，地下水位迅速下降，这些违背水文规律的城市建设和发展模式无疑为我们敲响了警钟。

幸运的是，小城镇则以其人口承载结构较为合理，为解决上述矛盾提供了一种较为理想的模式。它不仅能够使水资源与城市化最大限度地结合起来，而且为现代化的水资源治理手段提供了广阔的应用空间。

第二，小城镇可以提高城乡多样化资源的利用水平。大城市由于空间拥挤，所以许多自然资源的利用方式和手段就无形中受到了限制。相反，小城镇则可以将多种资源的利用与城镇化有机结合起来。这种功能的发挥，主要体现在两个方面。首先是提高生态与可再生能源的利用水平。我们知道，生物能源的开发与利用往往需要有一定的自然条件，需要占用一定的场地，如沼气、地热能、太阳能和生物质能源等，而这些能源充足的小城镇则可以为此提供较好的条件。其次是城乡自然景观资源、旅游休闲资源和科学研究资源的开发与利用。如天然的滑雪场、骑马场、游泳划船水域和天然博物馆等，这些资源的成功开发与可持续经营往往也离不开周边配套小城镇为其提供的城市化服务。

(二)提高城乡人文资源保护效率

当然,除了最大限度地缓解自然资源的供给压力,促成供求平衡,构建高效的城镇资源利用体系以外,小城镇在城乡人文资源的保护和开发方面也具有独到的优势。我们知道,高品质的城市往往具有深厚的文化内涵,不但能为人们在情感上追求幸福生活提供一个巢穴,更能传承一个国家或者地区的优秀人文资源,激发民族凝聚力。

在过去的几十年中,中国的城市化建设获得了令世人瞩目的大发展,如果说有什么不足的话,传统文化的继承与开发不充分应该是最重要的一点。许多大城市的城区在房地产高额利润的驱动下,在很短的时间内就变成了毫无特色的钢筋水泥盒的堆积场。当然,这些建设行为基本都发生在我国城市化水平普遍较低、一味追求 GDP 增长的阶段,具有很强的历史烙印。与中国现代化城市建设过程较短相反,中国有着悠久的农业文明史和极为丰富的多民族文化,这就决定了中国的传统文化资源在很大程度上主要体现在农业与乡村文化方面。然而这些人文资源分布十分分散,并且由于其所依附的传统乡村社会模式难以为继,其中许多资源处于濒临灭绝的境地,因此,保护和传承它们就显得尤为重要。要继承与开发这些传统人文资源就需要一定的条件,那就是配套一定的城市化服务,而以大中城市为后盾的、较为分散的小城镇体系则能较好地满足上述条件。由此,我们可以大胆地推论,像丽江古城、甘肃敦煌等具有鲜明传统文化特色的小城镇必将成为中国中小城镇发展中最靓丽和最具感染力的一支劲旅。

三、助力城乡生态环境修复与治理

我国在污染问题上一直是想要避免重复发达国家"先污染后治理"的经典错误路线,但实际上中国目前许多地方的发展并没有摆脱这种宿命。这就促使人们从不同角度探讨其背后的原因,是企业家太自私?粗放型小企业数量太多?还是相关法律体系有漏洞?事实上问题远非如此孤立和简单,制度层面的原因也许能够为此提供更加深刻的解释。许多发达国家城市化发展几乎毫无例外的都是先污染后治理,这本身就说明在工业化与城市化的一定阶段,污染问题被忽视与容忍是有深层次的经济与制度根源的。为了更深刻地讨论小城镇在城乡污染治理方面的作用,有必要先从制度、政策层面对我国城乡污染的产生进行说明。

## (一)城乡污染原因经济、制度层面的再分析

### 1. 农村污染原因分析

农村污染根源可以追溯到农业污染、农村工业污染和城市工业污染转移等几个方面。

在农业劳动生产率较低、农村人地矛盾突出的情况下,农业的污染主要源于农业资源的过度开发和长期的粗放经营,比如耕地、林地、草场等资源的过度垦殖。这一过程对生态环境的破坏作用虽然缓慢,但长期影响是巨大而深远的。此外,污染还源于农药和化肥的大量使用,从而造成农业污染不断加重。这两种污染作用路径在农业生产效率低下、农民收入提高困难的情况下相互强化,最终会导致恶性循环。

当然农村的污染也有农村低水平工业化的原因。由于农业的低收入以及土地等农业资源匮乏,部分地区的农民就把发展非农产业作为增加收入的主要途径,但由于环保意识落后、相关技术水平低下,因此也不可避免地造成了农村的工业污染。许多地区水与土壤污染严重,就是农村工业化的直接后果。

最后城市工业污染向农村的转移也是重要原因。由于农业劳动生产率低下,因此,会产生城市工业与农业之间较大的产业比较收益差距,这种差距的存在以及必要赔偿制度的缺失,都为城市和工业污染提供了软约束条件,造成了许多城市工业污染向农村转移。事实上,城市污染除空气、噪声等对城市居民的危害较大外,其他大多数污染的最终受害者都是农业、农村。城市化过程中,工业污染对农业种养殖产品和农业资源造成经济损失,并由此形成索赔关系是污染索赔案例的一种典型类型。在这些典型案例中,污染赔偿通常是很低的,原因是比价计算直接经济损失所依据的农业资源价格或者农民收入本身就很低,相反,对工业成果的价值则往往高估,因此,最终就形成了这样一种评价理念:工业污染对农业自然环境和居民生活所造成的经济损失,相比其创造的价值或在经济增长中的地位是很小的。这些扭曲的评价理念的存在最终导致了许多地区的农村尤其是城乡接合部成了污染的重灾区。

2. 大城市污染的原因分析

城市污染的根源从动态的角度看,与过度追求GDP增长以及聚集结构的不合理密切相关。许多大城市在发展的过程中不考虑环境、交通拥堵等无形成本,从而使规模越来越大,最终陷入聚集不经济的状态。在这种趋势下,污染会逐渐累积,以致最后酿成环境与生态灾难。目前我国许多城市雾霾严重、垃圾围城就是最典型的例子。当然,污染的外部性以及治污制度的不健全也是城市污染日益严重的一个重要原因。在现有制度安排下,污染排放主体会把污染治理支出看成是一种额外的负担,同时污染治理成果的获益方是全社会,这样由于成本与收益的分离,污染排放主体会千方百计地降低这方面的费用支出,哪怕严重侵害社会公众利益,哪怕后患无穷,也不会采取最优的污染治理方案,因此,构建良好的治污利益机制应该是推动治污工作的关键。即对污染行为征税收费,或者是引入排污权交易一类的机制。对于企业来讲,如果治污成本低于排污费,它就会治污,反之,它就会缴纳排污费或者购入排污权。理论上排污费设置越高越好,但也需要考虑企业的承受能力,如果排污费和治污成本都超过了企业的承受能力,那么企业除了关停或非法经营外就别无选择。反之,如果排污定价太低则不能对污染行为形成有效约束,其治污的效果自然也很差。我国在治污实践中排污定价偏低是相当普遍的,这点从上述城市工业污染向农村转移的低补偿机制中能找到类似的证据。

事实上污染对城市经济的负面影响,存在着一个潜在的累积过程。城市发展往往是等污染的不良后果明显显现出来后,大规模的被动治理才会拉开序幕。先污染后治理模式事实上也是城市聚集不经济发展到极限的重要原因之一。其具体的表现形式就是聚集不经济的“拥挤效应”逐渐演化为“挤踏效应”。如果说“拥挤效应”是聚集不经济的初期表现,只表现为人口经济聚集程度过高而造成交通阻塞、地产租金过高、噪音与大气污染严重等现象,那么“挤踏效应”则是“拥挤效应”发展的极端,它往往由聚集过程中多种不利因素共振引发。此时的城市已不仅仅是交通阻塞、噪音与大气污染严重的问题,还会引发限购、水电气资源价格过度上涨、资源价格泡沫化等严重的民生问题。2019年9月我国发生的香港骚乱事件,本质上是西方国家借机搞乱中国的一场阴谋,但背后香港发展过程中的聚集不经济从而导致的住房、就业等民生问题也不容忽视。因此，无论是从自然生态环境的视角还是从民生视角，大城市空间结构的优化都应该是主要的治理路径。

3. 城乡接合部污染的原因分析

城乡接合部可以说是我国城乡土地、人口等要素流动最为活跃的地区。但由于城乡社会经济管理制度上的二元体制烙印，这个地区也往往是各种矛盾冲突最为集中的地区。随着城镇化的推进，该区域的土地权属性质和使用性质往往也会发生较大的改变，最常见的就是由农业用地向城镇建设用地转化，这一过程会伴生各种利益、矛盾和冲突。相应的，城镇发展过程中产生的垃圾和污染等空间负效应也会在此集中。大城市在扩张过程中有时会对周边地区产生一定的资源或者环境损害，这种利益关系在城乡接合部地区表现最为明显。大城市在拥有优美环境和完善设施的同时，会将一些负面的空间效应通过空间置换的方式转移到周边地区，从而使得其外围的城乡接合部地区不得不承担大城市转移出的大量垃圾、许多非正规的产业活动以及低收入人群等，这些都会给城乡接合部地区的经济发展和社会管理带来许多棘手的难题，具体见图 7－1。

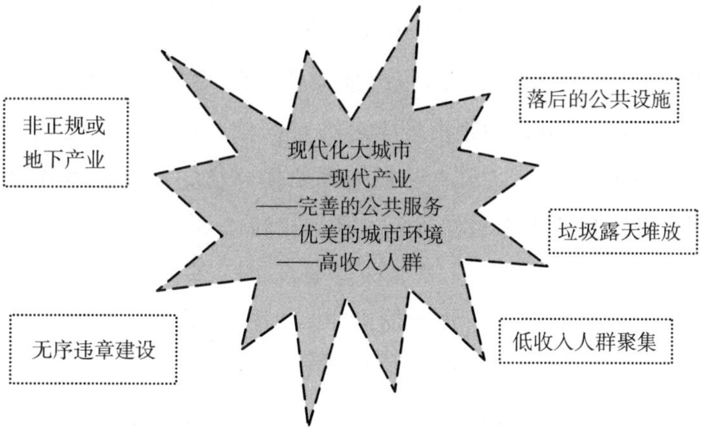


图 7－1　城乡接合部空间关系示意图

以垃圾为例，根据住建部的一项调查数据，中国目前有三分之二以上的城市陷入了垃圾围城的困境，四分之一以上的城市已没有合适场所填埋垃圾，绝大部分垃圾都堆放在城市的外围地区。这些垃圾不但侵占了大量的土地，而且还严重影响了城市外围地区的景观，对当地的大气、水和土壤产生了严重污染，对城镇居民的健康构成了严重威胁。以北京为例，据估算截至 2018 年底，北京市日产生活垃圾 929 万吨，相比 2012 年增长了 43.3%。这些与日俱增的垃圾在得不到很好处理的情况下，大部分都会被转移运输到六环以外的地区进行填埋、焚烧，而这些地区正是北京郊区各小镇的所在地。

(二)小城镇对城乡环境污染的治理与缓解

城乡生态自然环境的整体改善和提升是城乡融合、一体化发展的根本基础。高质量的小城镇建设和发展在这一过程中的显性作用未必那么迅速和明显，但其长期隐形的作用事实非常强大。

首先，对于农村而言，小城镇通过其承载转移人口、提供就业机会等功能推动农业现代化，提高农业劳动生产率的作用十分明显，而这正是提高农民收入、改变农民粗放、掠夺式生产耕作行为、修复农民污染治理动力的基础。此外，小城镇建设往往与配套的工业产业园区建设紧密相关，这也可以促使农村有限的工业入驻园区，进行集中的污染治理和防治。同时通过提升人口城镇化水平来减轻农业区的人口压力，提升农民生活的城镇化水平，从需求上进一步修复农民的污染治理动力。许多的小城镇往往位于城乡接合部或者工农交错的敏感位置，依据前面所述的城市工业污染转移的一些理论，这些地区往往也是污染治理十分关键的位置，因此，通过小城镇人居、自然环境的治理和打造，无疑会从最短板处扼守住城乡生态环境的底线，守住城乡居民共享优质生态自然资源的基础权利。

其次，对于大城市而言，小城镇改善城乡生态环境功能的发挥主要依赖于小城镇与大城市在污染治理方面的不同特质。由于污染从表现形态、来源方式、治理措施等各个不同角度看，种类十分繁杂，因此为使对比分析更有针对性，我们只重点选取垃圾和污水处理、空气污染治理两个方面来讨论：

第一，垃圾污水处理方面的不同特质。依据规模经济的相关理论，大城市在污染治理上应该也具有规模经济，如果这一推论有价值的话，那么应该主要体现在垃圾处理方面。然而，这种治污的规模经济总是相对于特定的治污设备和方式而言的，在主要设备和方式一定的条件下，实际的单位成本曲线是先下降后上升，呈现 U 形结构的，因此，不能简单地理解为这个规模越大越好。比如，根据德国的治污实践，年垃圾处理量在 10.5 万吨，或污水处理量在 1000 万吨规模的项目就能取得相当好的效益。而上海市 2014 年扣除工业废水后的废水排放总量是 17.73 亿吨，生活垃圾产出总量是 743 万吨，建筑垃圾是 1.44 亿吨。这些数据说明当城市规模过大时，由于收集、运输等成本不断攀升，也会出现垃圾处理的规模不经济。此外，垃圾治理的发展方向是资源化治理。目前许多生物降解回收再利用技术发展较快，小城镇在统筹安排的情况下，在这些领域也会有较大的潜力。以固体垃圾处理为例，传统发达国家的做法主要是填埋、焚烧和堆肥三种。进入 20 世纪以后，许多国家已经禁止了简单的填埋法，主要采用无害处理和资源利用的综合法，其基本工艺流程就是分类处理：一部分餐厨有机垃圾进行堆肥，一部分可循环利用垃圾进行再回收，一部分垃圾进行燃烧发电，最后燃尽剩余的小部分残渣做无害填埋。这种综合资源法最大的优点就是实现了垃圾的资源化和减量化。国外的发展实践证明，许多小城镇中规划建设的日处理能力为 50～100 吨、服务 5 万～10 万人口的垃圾处理项目的运转效果都非常好。当然，即使撇开小城镇可以采取生物堆肥降解、湿地污水处理等生态措施不谈，小城镇在提供厂址、肥料运输和选择理想残渣填埋地等方面也比大城市更有优势。

此外，还有一类固体垃圾必须引起我们的高度重视，那就是建筑垃圾，因为这类垃圾的存续时间往往较长，所以其处理成本往往没有被我们纳入当下的经济收益与成本分析框架中。我们知道，由于土地资源紧张，房地产价值高，所以我国的大城市建设几乎是清一色的钢筋水泥高层建筑，这就形成了一座座庞大的钢筋水泥森林。我们可以设想，当 70 年后这些建筑必须报废时，其拆除的成本会有多高？由此产生的巨量建筑垃圾又该如何处理？显然，这些问题是十分让人头疼的。相反，小城镇不存在土地租金高的问题，因此，更有利于在合理控制建筑物高度的基础上推广使用一些新型的、更加生态、更加自然的建筑材料。

第二，空气污染治理方面的不同特质。如果说在垃圾和污水处理方面，围绕规模经济的理念还有必要展开一定的争论，那么在空气污染和温室效应方面，所谓的治污规模经济就是一个伪命题，因为空气污染和温室效应治理主要措施就是控制规模、减少排放。因此，空气污染治理的一个理想对策就是控制城市规模，把有害气体的最大排放总量控制在临界点以内。然而，对于大城市而言，这点基本无法实现，因此，其治理方法往往体现为一些限制性的政策和措施，以达到减少有害气体排放总规模的目标。比如，一些大城市对周边大型企业进行限产，采用市区机动车单双号限行等，这些措施无疑对城市经济具有较大的负作用。相反，对于由小城镇组成的分散的城镇聚集结构而言，通过把每一个点的规模控制在自然条件允许的范围内来实现空气的治理无疑是其最大的优势。最后，我们还可以来看看温室效应的治理，小城镇在这一领域其实也存在一定的潜能。小城镇往往可以利用一种较为松散的城镇网络结构，利用更多的生态资源，形成一种城镇被森林植被所包围的生态结构，从而使二氧化碳、甲烷等有害气体的净排放降到一个较低的水平。在这种人口分散结构下，二氧化碳等有害气体的排放与吸收才能达到动态的平衡。因此，以小城镇为人口承载主体的城市结构不仅在污染治理上更具有优势，而且也是实现城市与乡村、人与自然和谐相处的较好的人口聚集结构形态。

最后，对于城乡接合部而言，小城镇改善其生态质量主要是通过科学的规划建设以及合理的补偿机制。大城市周边生态承载力较好的小城镇之所以常常面临来自城市垃圾的困扰，其根源在于小城镇与大城市之间的空间利益博弈。因此，通过利益协调机制，比如，补偿或者援建基础设施等方式就可以较好地应对部分问题，从而实现城乡生态环境的一体化。例如，被誉为“静脉小镇”的杭州天子岭小镇。作为杭州市第一批特色小镇，其占地面积仅有 3.8 平方千米，曾承担了杭州主城区 100％的生活垃圾疏运工作和 93.49％的垃圾末端处置工作。杭州市政府通过对产业条件并不好的外围地区给予更多的财政补贴和转移支付，采取“引智、引资、引技、引才、引文化”战略，与两家环保类上市企业“江苏维尔利环保科技股份有限公司、蓝德环保科技集团有限公司”签约、研发、制造垃圾处理技术和设备，并通过空间布局，组成环保装备研发制造区、再生资源加工区、生产配套区、生活配套区、物流配套区等 8 个片区，吸引了中科院院士工作站、浙江省长三角循环经济研究院漳州研究中心、杭州图书馆韩静分馆、浙江省西湖书社等多家单位与小镇达成了战略合作伙伴关系。这些措施使天子岭成功转型，成为浙江省首个以绿色为主题，以环保产业为核心，集生态文化、工业旅游、科教示范等多种功能为一体的循环经济产业示范基地。

## 第二节 基于动态视角的分析

2014年7月5日，国家发改委、中央编办等11个部门联合印发了《关于开展国家新型城镇化综合试点工作的通知》。通知要求“建立行政创新和行政成本降低的设市模式，选择镇区人口10万以上的建制镇开展新型设市模式试点工作”，这一通知的出台无疑引发了大量学者和政策制定者们进一步从动态的视角去探索小城镇的兴趣。小城市通常可以看成是小城镇动态视角下演化的一种形态。它们的培育无论是从城乡空间节点，还是从产业振兴县域经济的角度看，对于城乡的一体化发展都具有积极的意义。

事实上，以“大镇设市”和“撤县设市”等形式表现出来的小城镇的动态调整，即一部分发展能力弱的小城镇被撤并，一部分重点中心小城镇壮大升级，一直是我国新型城镇化事业不断深入推进的重要内容和形式。这种从小城镇，尤其是重点镇、中心镇、城关镇壮大发展为市的新型城镇化路径，有效契合了我国城镇发展的自然轨迹，无疑是一种城镇化建设的良性发展态势。从动态变迁的视角去审视小城镇发展对于城乡融合的意义，主要可以概括为以下两点。

### 一、“镇-市”演进夯实了城乡统筹的城镇基础

当然无论是“大镇设市”也好，还是“撤县设市”也好，这些国家区域行政级别和区划的调整，都需要明确的制度支撑，需要相关的政策配套，而这些制度和政策的落实又恰恰是我国城镇化率不断提升、城乡社会管理体制逐渐接洽、城乡一体化不断发展的直接动力。

目前我国小城镇发展的现状是数量多、规模小，绝大部分聚集能力弱、建设水平低，因此，期待所有的小城镇都成为新型城镇化的重要平台在某种程度上有些“一厢情愿”。显然并不是每个建制镇都要往规模扩张上去发展，小城镇的发展与其遍地开花，不如突出重点，有选择地发展。相对来说，

一些经济基础好、产业支撑强的中心镇和重点镇有可能发展成为更大的镇，甚至是小型城市，成为加速城市化进程的重要突破口。根据农村劳动力向小城市、大中城市梯度转移的规律，小城镇向现代城市梯度演变的规律和小城镇差异化发展的现实性，把一批有特色产业支撑的、人口承载潜力巨大的中心镇和重点镇培育成为小城市，让这些小城市名正言顺地成为我国现代城镇体系的有机组成部分，从而以更低的成本、更大的容量、更高的质量转移农村剩余劳动力无疑是我国小城镇发展的正确方向。小城镇在农村地区增长极功能的打造能有效提升我国城镇体系的总体质量。

此外，在产业聚集形态升级的过程中，小城镇向小城市的演进也具有重要的现实意义。在我国的城市管理发展中，事实上存在一种内在的潜规则，那就是依据行政级别配置资源，这种做法无疑使得许多资源过度向大中城市集中，从而削弱了小城镇的发展潜能、制约了小城镇产业功能的发挥、阻断了产城融合发展的制度环境。加快推进小城市的培育和建设，将显著提高城镇的聚集和辐射能力，使各种资源和要素在国家行政力量推动下向小城市流入，这无疑能将城镇经济的发展提升到一个更高的平台。此外，利用现有的小城镇体系开展小城市培育可以有效解决以乡镇为基地的特色块状经济向产业集群转变过程中缺乏城市依托的大矛盾，提高一、二、三产业的集聚度，实现由原先的主体分散经营向工业园区聚集生产的转变，从而获取规模经济效益和范围经济效益。

### 二、"镇-市"演进拓宽了城乡联动的有效途径

大中城市作为现代大工业的聚集地，其对农村地区的辐射带动更多地体现在间接作用上，而小城市是一定农村区域发展的中心和增长极，是沟通城乡的重要节点，其建设和发展能有效推动农村区域内部资源要素的整合、重组与再配置，使周边的农村更融洽地共享其相对完善的服务和资源，并有利于带动农村工业化水平的提高。此外，小城市还可以充分发挥连接城乡的公共服务中心的作用，通过小城市的扩散功能，缩小城乡公共服务的差距，使居住在农村社区的农民也能很便捷地享受到城乡均等化的基本公共服务。可见小城市是实现以工促农、以城带乡、城乡有机互通协同的桥头堡和主阵地，对于我国在新时期、新阶段、新形势下促进城乡联动发展具有重

要的战略意义。

在城乡融合发展、要素联动的诸多内容中，农村人口向城镇进行就业以及居住转移，即农村人口的城镇化应该始终处于核心地位。换言之“以人为本”，加快农民工市民化和农村人口城镇化是新型城镇化最核心的任务，而小城镇则恰好具有成本低、容量大等各种推动人口转移的潜能。因此，把众多中心镇、重点镇培育成为现代化的小城市无疑是落实上述核心任务最有效的方式。大量基础设施条件完善、产业功能完整的小城市，自然可以顺利地吸纳更多的农村剩余劳动力转移就业，并以较低门槛让这些新增劳动人口及其家属子女在小城市安居乐业。按照每个小城市到 2020 年新增 10 万常住人口的发展目标，全国仅以千强镇计算，就可以新增城镇人口 1 亿人。显然这种城镇化的发展路径和逻辑无疑可以拓展城市空间，吸纳更多农村人口就业居住，从而成为优化城市空间布局、强化城乡联动的重要手段。

# 第八章 城乡一体化框架下小城镇发展的原则、战略、政策保障

梁思成先生在1945年10月《市镇的体系秩序》一文中曾预言并提醒“在今后数十年间，许多的城镇农村恐怕要经历到前所未有的突然发育，这种发育，若能预先计划，善于辅导，使市镇发展为有秩序的组织体，则市镇健全，居民安乐，否则一旦错误，百年难改，居民将受其害无穷。”结合今天我国许多小城镇不容乐观的发展现状，这一提醒无疑是高瞻远瞩、影响深远的。虽然我们对于小城镇在现代城镇体系构建和城乡融合发展中的重要意义已经普遍认可，但对于小城镇如何生存、如何发展等问题却仍然存在着意识上的不统一、战略上的不明确、政策上的不落实。以至于在面对小城镇所出现的各种问题时，大家都是“头疼医头、脚痛医脚”，小城镇依旧碎片化、低水平、蔓延式发展。为了打破这种机械式、被动式应对小城镇发展僵局的模式，我们必须在政策合理性依据充分解读的基础上，进一步拓宽视角，从经济学、社会学等不同角度来审视小城镇的健康发展问题。

## 第一节 小城镇发展的原则

### 一、从城市群视角定位小城镇城市属性

目前，中国新型城镇化的主流思潮无疑是逐步形成“城市群-都市圈-中心城市-大中城市-小城镇-乡村协同发展的总体战略格局和全尺度空间组合链条”。从中我们不难看出，小城镇是这一空间组合链条中的有机一环，小

城镇的发展维度必须扩大到都市圈、城市群的层面。小城镇的生存和发展显然不能因循传统的个体孤立、大干快上的逻辑，而是应该放大到整个都市城镇结构体系中，谋划自身发展。只有这样，才能有效避免城镇之间产业结构雷同、性质相似、重复建设等问题。然而，在过去的许多年中，我们虽然摒弃了大城市优先战略，提出了大中城市、小城镇协调发展的理念，但期间许多小城镇的发展并没有放到都市圈的网络体系中去综合考虑，相反都是各自为政、孤立发展，因此，造成了彼此间产业结构单一重复、人口外流、城区土地浪费等严重问题。

事实上，这种从区域视角寻求小城镇未来发展突破的逻辑也符合德国地理学家瓦尔特·克里斯塔勒(Walter Christaller)的“中心地理论(Central Place Theory)”，即一个地区要想取得广泛的经济增长，就必须建立起一个一体化的城镇体系。这个体系应该由具有不同规模及功能的城市、镇及乡村所组成。城镇的发展必须与周边大城市及乡村的发展相协调，形成一个统一的大都市区网络体系，以充分发挥小城镇“路由器”的作用，具体的模型示意见图 8－1。

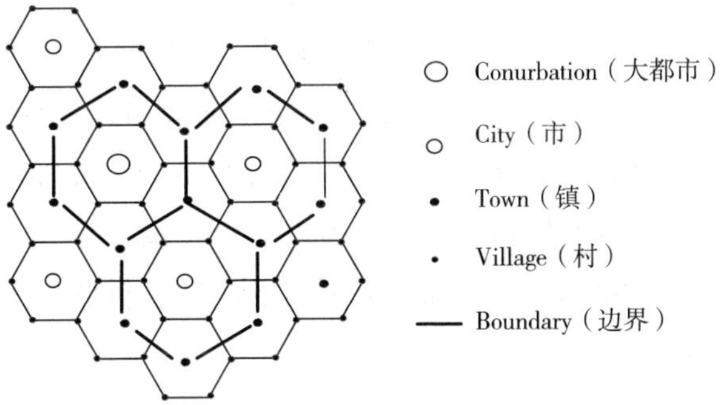


图 8－1　“中心地理论”的六角模型

当然，在厘清了小城镇网络体系发展的定位后，我们还必须定位小城镇的发展属性，重新为其选定一个坐标原点。那么小城镇发展的坐标原点是“乡”还是“城”呢？

多年来，依据我国城乡统筹、以城带乡，以及发展小城镇是带动农村经济和社会发展重要一环等逻辑，我国的小城镇发展多是以“乡”的角度去思考，如乡镇主要承担转移农村人口、聚集农村产业的功能。小城镇作为乡之首，需要承担起乡村的属性，这本身无可厚非。然而，小城镇发展绝非仅仅是农村人口的城镇化，或者乡镇产业的城镇转移。过度强调“乡”只会让小城镇变为乡村的升级版，使“镇像农村”。城镇的发展与大都市区建设严重脱节，会使城镇成为城乡对立的矛盾激发之地。

否定了以“乡”作为原点，那么小城镇的定位应该是“城”，因此，它必须具备城市的属性，其发展也必须以中心城市为发展坐标统筹考虑。正如马克思和恩格斯在其城乡融合理论中所提出的“实现城乡融合、发展小城镇，我们仍应重视城市的中心地位，中心城市的辐射能力足以覆盖整个大都市地区，在这一区域范围内的小城镇必将受到中心城市经济的强烈影响，因此必须强调中心城市之于小城镇发展的作用”。这点也与美国学者约翰·弗里德曼(John Fridemna)在其核心-边缘理论(Core-Periphery Theory)中所强调的“核心区是创新变化的主要中心，而它周围地域则组成了边缘区，边缘区的发展依赖于核心区”的理论不谋而合。

实践也证明，从区域都市群视角去定位小城镇的发展思路是正确的。比如，日本小城镇之所以能稳步发展，正是因为其小城镇被积极纳入到了都市圈发展计划，实现了与中心城市的协调发展。90 年代中后期，日本政府为了落实《第四次全国综合开发计划》，振兴城市、农村、渔村，在全国设定了 44 个定住圈。奈良县南和地区就是其中的一个定住圈，其范围包括吉野镇、大淀镇、下市镇 3 个城镇，这些城镇通过与五条市的联合发展，使得其经济实力得到稳步增长。因此，小城镇的发展必须以周边大城市为坐标原点，应首先服从于大都市区的发展，借助于周边大中城市的辐射和带动作用，清晰地找到小城镇在整个城市体系中的定位，从而加强小城镇发展的内在动力。

## 二、依据发展潜力推动小城镇合并重组

区域城市群视角为小城镇的发展打开了新的大门，然而入门细窥，却不难发现，每个大中城市区域周边都拥有着“规模不大、功能不全”但“数量众多”的小城镇。由于我国目前主要以行政职能划分小城镇地域，很少根据自然经济圈、整体功能和区位特色布局来划分，因此，就造成了城镇空间布局不合理，小城镇规模普遍较小，且疏密不一。有些地方镇与镇之间仅有几公里，有的甚至连成一片。比如，以人口规模来看，截至 2017 年，我国共有建制

镇 20654 个，除掉部分人口较为密集的城关镇，其他小城镇有 18099 个。然而在 18099 个小城镇中，有近 12000 个小城镇人口不足 5 万人，其中只有 70 个小城镇人口规模超过 10 万人，有 4 个镇人口规模超过了 100 万人。其中，10 万人以上的镇有 85%以上分布在中部地区。

同时由于行政体制的影响，小城镇往往秉承“发展是硬道理”的理念，各自为政，“一窝蜂”“一哄而上”的建设往往导致产业结构雷同、城镇性质相似。各城镇之间重复建设和争夺资源的恶性竞争相当严重。许多小城镇由于缺乏产业支撑，导致人口持续流出，无法形成最优的要素聚集能力，发展动力被整体削弱。许多小城镇被迫沦为城市工业的垃圾站和乡村人口的中转站，在大城市的光辉下变得黯淡无光。

小城镇的成长与大中城市的发展类似，同样离不开城市要素的聚集。恰如著名经济学家缪尔达尔在其循环累积因果理论中所提到的“当城市发展到一定的水平时，决定城市增长的将不再是本地的资源禀赋，而是城市本身集聚资本、劳动力等生产要素的能力”。同样，小城镇的生命活力也主要表现为要素的流动和循环，而要提高小城镇的要素聚集能力，显然不能继续“遍地开花”式的低水平分散建设。小城镇在疯狂的数量大跃进之后，应寻求整合重组、规模扩充、分类发展。空间集聚理论明确提出“当城镇的人口、产业和各种经济活动在空间上的集聚达到一定临界度时，就能产生集聚经济效应”。小城镇的发展同样遵循这一发展规律。

以日本的小城镇发展为例，在经历了 20 世纪 70 年代前的数量扩张之后，为了提高小城镇的质量和小城镇的集聚能力，日本逐步转向了小城镇数量结构优化、规模扩张的发展模式。比如，日本政府在 1956 年《新城镇村建设促进法》的基础上，在 1962 年、1965 年颁布了《关于市合并特例的法律》以及《关于市镇村合并特例的法律》，利用“既鼓励又限制”的双重政策做大做强小城镇。在 1997 年 8 月各都道府县新闻媒体报道的 59 件市镇村合并中，涉及镇与镇、镇与村的合并就有 13 件。通过合并，一些原有小城镇的面积迅速扩大，人口增加。如，茨城县的牛堀镇（面积 18.79 平方千米）与潮来镇（面积 43.88 平方千米）的合并，两镇合并后的面积达到了 62 平方千米。随着规模的扩大，小镇的经济实力和对外辐射力、吸引力均得到了有效强化。再以国内山东潍坊的小城镇发展为例，也不难感受到小城镇发展的规模效应。

潍坊市域面积 15859km²，截至 2018 年，其行政区划精简调整为建制镇 62 个、街办 56 个。这些镇街撤并的举措不断强化了小城镇的承载力和吸纳力。通过撤并，单个小城镇的规模扩大，小城镇的经济集聚能力也不断加强。目前，潍坊市财政总收入、地方财政收入过亿元的镇街分别达到 53 个和 34 个，并已涌现出羊口渔业、景芝酒业、沂山旅游、郚部乐器等一批特色强镇。

由此可见，小城镇的发展要充分发挥"1＋1＞2"的协同效应，将区位、空间相近的分散孤立个体通过空间重划连成一个有机整体，使其在引导空间要素聚集的同时，实现人口的快速集聚，快速达到城镇生长的最优规模，获得更高的经济效应。以集群化为核心的小城镇区域，将大大提升孤立小城镇的生存和发展能力。当然，小城镇的设立和撤并也不能仅仅围绕经济增速来做文章，也要兼顾农村地区城市公共服务的辐射和扩散，这在后面的原则中将进一步提及。

### 三、依托主体属性重塑小城镇社区功能

费孝通先生曾经从社会学角度给小城镇下过一个定义，即一种正在从乡村性社区变成多种产业并存的向着现代化城市转变中的过渡性社区。这一定义对于小城镇的发展定位，尤其是其社会、空间主体性的重塑具有重要的意义。小城镇目前是我国城镇化政策、产业和人口等要素异常活跃的一个领域，这些不同维度、不同性质的要素之间相互交织、相互冲突，因此，作为承载上述各类要素的载体，小城镇的研究至少需要厘清其三重身份属性：一是社区居民点，二是管理单元，三是政策对象。

三重身份之间互相关联又各自区分。居民点往往是由众多的自然、社会和人文因素逐渐促成的，不管称作什么，它们都客观存在。而管理单元则不同，它是根据治理需要划定的，具有更多政治的、人为的因素。因此，作为管理单元的镇与作为居民点的镇很可能不是指向同一个实体空间。作为政策对象的小城镇则可能更加不同，它往往指向某种政策的适用范围，属于一种治理手段，而且具有更多的临时性、更多的公共权力动态干预的特征，比如我国现阶段大力扶持发展的中心镇、重点镇等就带有浓厚的政策属性。

对于小城镇的三种属性，小城镇的社区居民点属性尤其应该予以关注。因为小城镇的这种属性是最基本的属性，不管政府是否将它们作为发展战

略，或者给予它们某个政策对象的称号，它们也都是在不断发展变迁的。许多延续时间长的或许成了历史名镇，许多则在历史的长河中逐渐消亡。这种小城镇社区功能的兴衰在城乡关系演变以及融合过程中发挥着重要的作用，因为，社区作为一种直观的社会空间载体，构成了新型城乡关系的微观基础。进一步明确地讲，小城镇社区建设是实现城乡一体化发展的重要路径。

当下，人们常常从资源禀赋、产业化、集约化等单一的经济层面谋划小城镇发展，比如特色小镇发展。这种小城镇建设思维基本上还是基于城乡二元思维，即将小城镇视为周边乡村的中心，强调其作为乡村的中心辐射功能，或者将其定位为城市的补充功能，而忽视了小城镇社区节点的特质，从而导致小城镇因缺乏主体性而陷入难以可持续发展的困境。

事实上，小城镇社区建设应该包括政治、经济、社会、文化和生态的整体性建设，是人生产、生活的系统性社会空间的重塑。基于社区主体的小城镇发展既不是单一地实现“城市让生活更美好”，也不是“乡村让生活更美好”，而是关乎涉及社会成员的行为和价值观念变迁，进而促进现代性的发育。恰如，人的城镇化绝非简单地指农民进城，而是指城乡一体化以及城乡连续统的建构。在前面小城镇的再认识中，我们对于城乡连续统已有认知，即城乡两极构成的社会系统，两极之间包含诸多节点“都市圈-大中城市-小城镇-集镇-村落社区”等。其中每个节点既相互区别，又相互联系；既有城市性，又有乡村性，从而构成一个完整的自主自治系统。夯实小城镇的社区功能属性应该是破除城乡二元思维，走城乡融合发展道路的重要措施。

首先，从乡村发展来看，体制、政策、规划等设置均属于宏观层面，其发挥作用有赖于微观基础。如果乡村缺乏自觉和自主行动的主体性，外部力量和资源的注入将失去承接之手，不仅无益于乡村发展，甚至会造成更多的纷扰。因此，必须在乡村主体性建构的意义上定位小城镇社区建设。新型城镇化必须有可以发力的载体，小城镇社区建设可以担当此任。小城镇社区是城乡连续统的节点和联系乡村与城市的中介，在乡村城镇化进程中扮演着城乡联结和主体建构的角色，是乡村现代化和推进城镇化的关键载体。

其次，从社会结构来看，小城镇首先是一个社区。社区是社会结构的基础单元，不仅是一个经济体，更是一个社会生活场域。当下流行的经济学思维只是紧盯小城镇社区商品生产和交换的功能，视小城镇社区为城市的“腿”，或视之为未来城市的“半成品”，因而助长了一种实用主义取向——小城镇对大中城市来说就是一个资源“传送带”。实际上，小城镇社区还发挥着政治、文化、社会、生态等功能，是社会系统的有机构成部分。

最后，从城乡互动的视角看，社会系统是主体互动的结果。社区是一个具有自觉和自主行动能力的自治单位。大城市、小城镇和村落等作为不同的社区类型在互动中形成一个完整的文明系统。城乡均衡关系是建立在大城市、小城镇、村落等主体互动基础上的，失去其中任何一个，城乡融合将无从谈起。单极主体只能意味着支配和依附，因此，必须从互动的视角观察小城镇社区，在建设中重点落实两重任务：第一，载体建设，通过促进劳动力、技术、信息、商品等要素在城乡间的双向流动，实现城乡融合互补发展；第二，社区节点建设，通过主体属性的重塑，从根本上改变城乡分治的非均衡状态，最终形成城乡居民共享现代文明的社会系统。

当然，小城镇社区不能简单狭义地理解为城镇建成区内的社区，也应该包括镇域内所有的农村社区。根据《国家新型城镇化规划(2014—2020 年)》的基本精神，我国新型城镇化的终极目标是消除城乡二元结构的体制机制障碍，推进城乡公共资源均衡配置，推进城乡规划、基础设施和公共服务一体化。与其相联系，新型城镇化的体系是以主城区为中心、以县城为主体、以小城镇为骨干、以新型农村社区为基础的全域城镇化或城乡一体化。农村社区建设作为就地城镇化的重要环节，是推进新型城镇化的重要配套工程。伴随着新型城镇化向纵深推进，农村社区建设也必须要提上重要议事日程。新型农村社区建设不是简单的村庄合并或人口集聚，而是营造一种新的生活共同体，让居民过上类似城市人的生活，享受类似城市人的公共服务，实现就地城镇化的目标，这是一种无形的城镇化。农村社区建设的终极目标是全方位消除城乡间的本质差别，实现城乡发展一体化。这种新型城镇化可以做到不把农民迁入城镇，而是把“城镇”植入农村。推进新型城镇化不仅要重视进城农民工的市民化，把农民工转化为市民，也要着力推进农民生产、生活方式的转变。新型城镇化的过程，并不完全是人口和产业向城镇的空间转移，还包括用城镇生产、生活方式来改变农村。依托新型农村社区建设的就地、就近城镇化模式不但可以有效降低城镇化成本，避免人口涌入大城市，造成日益严重的城市病问题，还符合农民自身不离土、不离乡的意愿。既不必进城，又能享受城市文明，就是农村社区建设的真谛。

## 四、联合中小城市重点服务农业与农村

据一项统计，我国农民教育、就医、购物、休闲等日常活动80%发生在小城镇，因此，小城镇发展如果脱离了服务农业、农村这一重要的功能属性，那么其发展动力和价值将会大打折扣。

从前面的论述中我们已经知道，城镇化对农业农村最重要、最根本的作用是提高农业劳动生产率，促进农业产业化发展，而这些作用又都主要依赖中小城镇进行传递。提高农业劳动生产率依靠农业自身的封闭发展显然是不可能的，它必须要有一定的城镇化条件作为支撑。这就要求在小城镇规划建设过程中应该把服务农业发展，促进农业劳动生产率提高作为重要的目标之一。比如，农产品销售是影响农业专业化的重要因素之一。农业专业化程度越高，对销售的要求也越高。农产品的销售对象主要是家庭和个人，这种零星的交易模式会导致较高的交易成本，再加上租金、运费等，大规模的农产品销售往往都是非常困难的，因此这就要求在农业资源富集区域的小城镇建设中应该把培育和发展农产品销售、市场物流、加工储存以及与之相关的服务体系作为重要功能来开发，通过对接农业产业发展需求来提升自身发展的内驱力。当然，农业劳动生产效率提高、农业的产业化还与农民消费商品化、农业产业聚集这些概念密切相关，因此，面向农村、农业的消费品市场建设、配套的工业园区建设也必须同步发展。总之，强化当地优势产业配套服务能力，吸引分流农业人口，促进农业要素市场、农民消费市场建设，应该作为小城镇的重要功能来开发。

当然，小城镇服务农业、农村功能的发挥不能脱离周边城市群网络，必须采取有机联合、优势互补、共同发展的战略。仍以日本为例，90年代中后期，日本政府为了进一步落实《第四次全国综合开发计划》，振兴全国范围的城市和农村，在全国设定了44个定住圈，奈良县南和地区就是1997年3月设定的一个。其中包括：五条市、吉野镇、大淀镇、下市镇以及天川村等1市3镇10村。整个南和定住圈面积达到2347平方千米，人口约10.4万人。

该定住圈在服务农业、农村方面的宗旨主要体现为两点:第一,充分利用当地自然环境和森林资源,以木材的综合利用和创建日本最大的柿子生产基地为中心,振兴区域经济;第二,推动建设居民健康医疗、道路、上下水道等生活环境设施,建成舒适的居住区。

## 第二节 小城镇发展的战略

上一节,我们从属性、社区功能重塑等方面讨论了小城镇的发展原则,为小城镇发展制定了方向性的大纲,然而如何让中国数量众多的小城镇重新焕发活力与生机,如何让一些小城镇在激烈的竞争中突围而出,就必须进一步讨论相关的战略选择。

### 一、保护绿色文化优势,提升品质

长期以来,在以 GDP 为中心的政绩考核体制下,我国许多小城镇为追求一时的经济发展速度,往往以牺牲发展质量为代价,使得小城镇对于大城市而言变得毫无吸引力和生命力。事实上,相比一些规模适中的中等城市,小城镇在要素聚集能力、地理区位等方面远远处于弱势,但为什么许多小城镇还是实现了焕发生命活力,甚至大放异彩的逆袭?原因可能还是要归结为小城镇自身的绿色以及文化优势。据一项调查,北京市人均汽油的消耗量是我国浙江最发达小镇人均汽油消耗量的 7 倍。城市高层建筑单位建筑面积的建造成本和使用能耗是小城镇低层和多层建筑的 1.5 倍。还有,大城市的新建建筑物几乎千篇一律的都是高层建筑,非常容易出现“千城一面”。而小城镇则多以低层建筑为主,建筑设计上往往能保留一些历史印记和地域民族文化,更加丰富多彩。这些优势的存在往往可以为小城镇的发展兴旺提供更加强劲的动力。

恰如美国社会思想家乔尔·科特金在《新地理:数字经济如何重塑美国地貌》一书中所言“传统依靠资源、交通、区位等地理套利的时代已经过去,在新经济条件下,某地区生活质量的高低远比其他传统的因素,例如税收、管理和土地成本更为重要,因为,这涉及是否能够吸引高质量的人才和产业。当个人或是先进的产业在全球范围内选址时，他们将不再需要寻求那些最大的、最便宜的、最受欢迎的地方。他们将寻求一种新的地方，一种对于他们价值观和内心深处都具有吸引力的地方”。网易所发布的《2017 高知阶层报告》也从另一个角度证实了这一观点。报告发现“在满足物质生活的前提下，高知阶层会将更多金钱与时间投入到志趣、品位与自我修养提升方面”。因此，最终获胜的城市必须不仅能为人才提供更具吸引力的生活质量，还要为他们提供能够引起精神共鸣的空间场所，这无疑为小城镇品质提升指明了方向。

西方国家的发展实践也证明了这一点。目前，德国 70%左右的人口都居住在 2 万人以下的小城镇。小城镇绿色、文化品质的打造让其成了城镇化的最高端形态。在绿色品质提升方面，“自然崇拜”“德意志森林”等文化思想意识对德国城镇化的影响较为深远，也为其小城镇建设提供了持久的精神养分，推动了德国环保与绿色和平运动，保护了农村的自然田园风光。因此，许多体验过德国农村和小城镇的人都喜欢将其誉为一幅巨大的油画。德国许多小城镇建设往往不会把精力、物力、财力投放到修建楼台亭榭等人造“形象”工程上，而是致力于追求自然美、环境美，追求适宜人居。从公共用地到居民私宅，处处提倡植树造林、栽花种草。在文化品质提升方面，传承保护人文古迹应该是其最重要的手段。比如，在美因茨城到科隆市之间的中莱茵河谷段，几十个中世纪的大中小城镇相互串联，形成了一个绿色的“城镇链”。两岸的古城堡、古教堂、博物馆、宫殿、名胜古迹、葡萄种植园等各色景观如诗如画，美不胜收，成了吸引国内外游人的旅游胜地。

同样，我国也逐渐进入了新经济的发展时代，一些生态人文资源较好的小城镇建设也应该转变传统依靠政策、税收、价格吸引低端产业的思路，而应通过营造高水准的生活环境、文化氛围，帮助小城镇引来高端产业和高端人才，让小城镇成为精英人才和高端产业的乐居之地。

### 二、挖掘自身核心优势，树立品牌

小城镇，尤其是那些特色产业或者旅游业带动的小城镇仅仅具备生活品质是不够的。小城镇在发展的过程中必须凝聚特色、树立品牌，变得更有辨识力，这是吸引人的核心关键。每个成功的小城镇都拥有自身独特的标签，如法国巴黎南郊的巴比松——举世闻名的艺术小镇；瑞士日内瓦湖畔的沃韦——最适合隐居的圣地。这些品牌为小城镇注入了独特的吸引力，也让小城镇如恒星般光彩夺目。梳理品牌小城镇，不难发现，品牌力塑造的关键在于发掘小城镇自身独一无二、与众不同的资源，也就是小城镇的特色。这一特色不仅仅是指独特的产品、特色文化，也可以是占据主导的产业、无以比拟的区位、富有标识性的形象。抓住其中一种核心优势，将其放大、延伸、强化就是品牌塑造。

当然品牌的塑造也要以科学合理的城镇体系职能分工与优化作为基础，要充分发挥各城镇现有的产业基础和资源优势，形成分工有序、功能互补的城镇职能结构，确定各城镇的性质和方向，走小城镇的差异化理性发展之路。各类小城镇要根据自身发展特点及其资源、交通和区位条件，找到区别于城市和周边城镇的特殊吸引力，通过特色塑造巩固小城镇的品牌效应，为小城镇赢得更多的发展机会，增强小城镇的生命力。

**三、坚持重点突出原则，分类发展**

在小城镇众多的情况下，是否所有的城镇都需要扶持？显然不是，小城镇的发展绝对不能均衡用力，而应优先选择一部分极化点，以其为核心重点突破。法国经济学家弗朗索瓦·佩鲁早在1955年就据此提出了增长极理论，即“增长并非同时出现在所有地方，它以不同的强度首先出现于一些增长点或增长极上，然后通过不同的渠道向外扩散，并对整个经济产生不同的终极影响”。

在小城镇群中，应将有限的公共资源集中配置到那些具有区位优势、产业优势、资源优势的小城镇，通过扶优扶强，充分发挥强镇的增长极作用，通过增长极的后向关联效应，推动小城镇集群的整体发展，避免均等用力造成僧多粥少、恶性竞争的局面。比如，英国作为世界上城市化进程启动最早的国家，其在小城镇发展过程中就非常注重扶持部分条件优越的小城镇优先发展，同时对发展状态良好的小城镇及时升格为新市镇，发挥其在小城镇集群中的主导作用。例如，利兹、伯明翰、谢菲尔德等就因区位条件优越、产业基础较好、资源丰富等，成为小城镇中优先发展起来的对象，并逐步发展壮大为城市，进而对周边小城镇群起到了良好的带动作用。同样，国内的小城镇发展实践中也逐渐采用了重点突出的原则，利用“重点镇、中心镇”遴选等政策手段确定发展中心。当然，由于各地在重点镇、中心镇的选取上往往存在标准不统一、定位不明确等问题，因此，也给我国小城镇发展战略带来了一定的困扰。

总之，对于大都市区小城镇的发展而言，应从空间集聚角度考虑，通过优势小城镇的极化发展，实现对周边小城镇群的带动促进作用。

## 四、依据区位特征差异，创新发展

确定了哪些小城镇应该优先发展，但如何让它们获得优先发展的主动权呢？这就需要小城镇在发展过程中创新发展模式。

纵观各国小城镇的发展不难发现，其发展的初始动力无非就是内因和外因两种。内因就是内生型发展动力，即小城镇依据先天基础条件，如小城镇的自然人文资源禀赋、地理位置、交通条件、原有的产业基础等来获得小城镇发展的动力；外因就是外生型发展动力，即小城镇先天资源禀赋和区位条件不突出或者暂时不明显，但由于后天物质流、信息流、资金流和人才流等因素的注入而获得发展的动力。这些后天注入的要素恰如经济学家保罗·克鲁格曼所谓的偶然因素，它们的出现改变了小城镇初始的成长路径，从而获得了更快的发展。如改革开放初期，我国珠江三角洲地区小城镇的兴起与发展在很大程度上就得力于改革开放后外资的利用以及国家开放政策的试点。当然，小城镇发展的内因和外因在很多时候是无法完全分开的，两者总是相互交织在一起，共同影响着小城镇的发展轨迹。但无论哪种动力的产生，小城镇的区位因素总是起着重要的作用，并影响资源和政策两个因素。依据区位因素的不同，小城镇也表现出不同的定位和发展路径，比如，美国小城镇的发展路径选择就非常注重区位，综合考虑小城镇与大都市区的区位关系。其小城镇常分为三类：城市郊区的小城镇、城乡之间的小城镇和乡村地带的小城镇。每一类小城镇都确定了不同的发展路径：城市郊区的小城镇由于位于大都市区的边缘地带，具有明显的城市扩散特征，其主要发展路径就是作为大都市的功能补充；城乡之间的小城镇由于发达和便捷的交通，具有适宜居住和投资的良好条件，主要作为沟通城乡经济与社会关系的纽带以及连接都市与乡村的桥梁存在；乡村腹地的小城镇由于距离城市较远，主要强化地方特色经济，依托当地的农业、林业资源，以发展农副产品加工、储运和农业畜牧业为主。可以看出，区位地理因素是决定小城镇未来发展方向的重要依据。同样，类比我国大都市区内的小城镇，依据与区域经济中心的区位关系，同样可划分为近郊型、过渡型和远郊型三大类。三大类小城镇的区位特征以及发展定位和模式详见表 8－1 所列。

**表 8－1 不同区位特征小城镇发展定位与模式**

| 小城镇类型 | 区位特征 | 发展定位 | 发展模式 |
|---|---|---|---|
| 近郊型 | 大都市扩展带上，受大城市强烈辐射 | 卫星城① | 与大城市互动互补，协调共振 |
| 过渡型 | 城市和乡村的节点走廊上 | 交通节点、县域副中心 | 发挥交通区位以及城乡节点优势，协同发展 |
| 远郊型 | 距中心城市较远，规模较小 | 专业镇、特色小镇、文旅小镇 | 利用资源优势，发展专业化、特色化产业经济，形成区域增长极 |

正如英国经济学家艾伦·W·伊文思(Alan W. Evans)在回答“什么是城市发展的原因”时所指出的，“事实上，没有哪一种理论能够独立解释各城市的发展”。小城镇的发展，也是多视角与多战略共同作用的结果。为了让小城镇能在众多恒星中脱颖而出，其发展必须具有区域城市群以及社会空间主体重塑等大视角，综合考虑各种因素的协调作用，在一定空间内最大程度吸纳资源，并通过空间集聚、品质提升、品牌树立、模式创新等战略，推动小城镇成长为精英人士和精英产业聚集的新乡村都市。

① 卫星城(Satellite City)概念由美国学者泰勒正式提出，它是指在大城市外围建立的既有就业岗位，又有较完善的住宅和公共设施的城镇，是在大城市郊区或其以外附近地区，为分散中心城市(母城)的人口和工业而新建或扩建的具有相对独立性的城镇。因其围绕中心城市像卫星一样，故而得名。卫星城的目的旨在控制大城市的过度扩展，疏散过分集中的人口和工业。卫星城虽有一定的独立性，但是在行政管理、经济、文化以及生活上同它所依托的大城市(母城)有较密切的联系，与母城之间保持一定的距离，一般以农田或绿带隔离，但有便捷的交通联系。

## 第三节　小城镇发展的政策保障

尽管现行的小城镇成长机制越来越多地依托于市场经济的利益导向，但不可否认，政府的政策制度支持与鼓励对小城镇仍然有着重要作用。在我国，上级政策扶持是影响小城镇发展速度的重要外部因素。我国70多个人口规模超过10万的小城镇当中，超过四分之三有相关政策支持，包括国家级、省级重点镇、中心镇、国家特色小镇等等。这些扶持政策可以直接或者间接带来建设资金、扩权、名誉等众多发展机遇，从而促进小城镇的产业发展、城镇基础设施建设。当然，在我国市场经济逐渐完善的背景下，政府不能再像以前一样，通过强制的计划、行政命令等政策输入，而更多应该考虑通过制度创新、资金投入、宣传营销等多方面软硬并举的策略对小城镇进行反哺。正如美国的小城镇建设，虽是在市场经济和民主制度下依托社会力量推动，但联邦政府和各州政府在小城镇发展建设中仍然发挥了重要的指导、协调和监督作用。重点涉及相关城建规划、社会治安、环境保护、公共产品提供等方面。这些政策举措为小城镇的建设提供了良好宽松的发展环境和优质高效的服务，对小城镇发展起到了极大的推动作用。

政府与市场一起共同构成了小城镇经济增长和发展的两只推手。在正确处理政府与市场关系的基础上，充分发挥政府的动员推力，对于小城镇的成长建设不可或缺。总体来说，政府应该重点做好以下几个方面的工作。

### 一、加大公共投资，促进城乡消费效用均衡

依照我国按行政级别配置资源的体制，许多大城市往往能获得更多优质资源，相反，绝大部分小城镇普遍缺乏政策支持和公共财力投入，从而导致公共服务滞后，垃圾处理、交通设施差等问题凸显。同样的，在文化、教育等方面，小城镇更是薄弱，因而，许多农村或者小城镇家长为了让孩子能上好点的学校，举债到县城或者周边的城市买房。从镇到县、从县到市，逐级追逐优质教育资源的现象非常普遍。这些现象加剧了城镇人才的流失和文化的贫乏，导致居民精神生活普遍单调乏味。

我们知道，人们从事经济活动的目的并不只是追求更高的收入，消费效用最大化可以说是终极目标。尤其是在收入水平不断提高后，效用最大化会占有更重要的地位。如果说收入均衡反映的是城乡经济间一种初级状态的均衡，那么效用的均衡反映的就是一种更高级状态的均衡，因为效用值比名义收入更能够全面地评价劳动者对劳动报酬的最终诉求。如果在不同区位，相同收入的消费效用不同，那么人们必然会把更高的效用作为追求的目标。城乡间公共产品供给与聚集程度如果存在较大差距，就会使城乡居民的消费效用产生较大的差距，这样即使假设城乡的劳动报酬相同，人们为了追求更高的效用仍然会倾向于城市。在城乡间的人口流动维持在一边倒的态势下，城乡经济的真正均衡是难以实现的，因此，要真正实现城乡经济社会均衡发展，促成效用均衡的一些条件就不可或缺。这也是为什么许多国家把均衡城乡公共产品供给作为推动城乡均衡发展的重要措施。

刘易斯的二元经济理论以及马斯洛的需求层次理论也可以进一步说明城乡公共投资均衡在城乡融合发展阶段的重要意义。在收入水平较低，尤其是收入低于温饱线的条件下，工资差距对劳动力流动的引导作用十分有效，但随着收入水平的不断提高，这种工资差距的作用会逐渐减弱，取而代之的是能够影响消费者效用的生活环境和条件。这是因为随着人们收入的提高，人们的需求开始向更高层次扩展，影响迁移动机的其他因素会逐渐提升。在城市化过程中，如果出现了人口过度流向城市，乡村逐渐凋敝，那么原因很可能不仅仅是城乡工资差距过大了，农村公共资源的匮乏、精神文明建设的落后很可能也是重要的原因。只有收入和效用能够同时在城乡间达到均衡状态，人口的双向自由流动才会出现，城乡经济才会真正进入均衡状态。一般来说，为了能够促成城乡消费效用的大体均衡，均衡城乡公共产品供给应当首当其冲。

小城镇作为农村公共服务供给与扩散的桥头堡，自然就应该给予更多的关注。通常，小城镇由于具有较好的外部环境，在消费效用的形成上是具有优势的，但如果交通不便、上学与就医困难、服务供给短缺，那么这种优势就发挥不出来。因此，要让小城镇能够成为理想的居住地，就需要在公共产品的供给上予以倾斜，比如优质教育资源的供给。从转移人口的短期和长期趋势来看，中国劳动力流动存在着与人口迁移相分离的特性，即许多农民工虽然短期在大城市务工，但其本人及家属的市民化取向往往是中小城镇，这就要求把教育产品的供给与留守儿童、农民工的二次转移等问题结合起来，使教育产品供给的城乡均衡能够落到实处。此外，与农村居民生活消费密切相关的社保、公共文化、医疗卫生、污水和垃圾处理等公共产品供给都应该从城乡均衡的视角给予小城镇必要的支持。当然，这种支持绝不是简单的“遍地开花”，而应该配合小城镇的合并、迁建提高资金使用效率。

## 二、依托制度改革，强化乡镇政府职能转变

《国家新型城镇化规划(2014—2020 年)》明确提出“为了有效缩小城乡差别，推进城乡发展一体化，必须优化城镇规模结构，增强中小城市辐射带动能力，加快发展中小城市，有重点发展小城镇，促进大中小城市和小城镇协调发展”。我国许多小城镇之所以发展落后，原因在于缺乏优质资源，从而使得小城镇就业机会少、公共服务水平低、对农业转移人口吸引力不高。当然这也与目前我国公共资源十分有限的经济发展特征密切相关，要逐渐改变这一现状，只能分阶段有重点地进行。当前要把改革的重点放在经济发达的小城镇，因为相对于一般小城镇，经济发达的小城镇具有吸纳人口多、经济实力强、二三产业发达、城镇公共服务设施发展较快等特性，在很多方面具有小城市的形态和规模。比如，浙江省的龙港镇，2016 年常住人口 45 万人，地区生产总值近 240 亿元，非农人口占到了 88%，超过全国 145 个县级市。

当然，在有选择、有重点的政策配套方面，我国已经走出了坚实的步伐。比如，大力实施中心镇、重点镇等遴选工程，确定一批发展潜力大、聚集辐射作用强、交通条件优越的重点小城镇为中心镇，给予更多的优惠政策。同时以这些中心镇、重点镇为核心，通过与周边乡镇和农村的联合，培育形成小城镇组团，提高城镇规模效应和综合竞争力，使它们成为城乡经济发展的新增长极，成为转移农村劳动力的重要聚集地和新农村建设的示范区。

从经济发达小城镇所处的地域特征看，它们大致可以分为两类：一类是城关镇或者城区镇，多数已被纳入现有的城市规划建设范围，另一类是一般

意义上的“中心镇”，其城镇规划建设自成体系，是县域经济新的增长极，对周边乡镇和农村辐射带动作用较强，是推进改革的重点。如何通过行政管理体制改革，着力解决这些镇自身发展过程中遇到的体制问题，一个重要的措施就是扩大强镇自主权，把县一级的权力尽可能下放到镇一级，实现“强镇扩权、扩权强镇”之间的良性互动。当然，江浙许多地区改革试点镇的创新发展已经证明，通过管理权限的扩大，许多体制机制方面的障碍能得到有效地破除，更能激发小城镇要素聚集和辐射带动作用，实现“离土不离乡，就业不离家，进厂不进城”的就地城镇化，最终实现区域性的高水平城镇化和城乡协调发展。

当然在“重点遴选、强镇扩权”等顶层设计的基础上，还要加快基层乡镇政府职能的转变，着力强化公共服务职能以及优化乡镇公共资源配置功能。乡镇政府要切实把提供公共服务的职能担负起来，用好、管好有限的财政资金。比如在教育方面，要巩固提高义务教育质量和水平，吸引农业转移人口安家落户，同时加强社区教育、职业技能培训、就业指导、创业扶持等劳动就业服务；在社会保障方面，要做好基本养老、基本医疗、工伤、失业和生育保险等社会保险服务，落实社会救助、社会福利制度和优抚安置政策，为保障对象提供基本养老服务，为残障儿童、老人和特殊困难群体提供权益保障服务；在卫生医疗方面，做好公共卫生、基本医疗、计划生育等基本服务；在人口户籍制度管理等方面，要完善流动人口基本公共服务制度，推动基本公共服务由户籍人口向常住人口覆盖，保障符合条件的外来人口与本地居民平等享有基本公共服务，促进服务资源的高效配置和有效辐射。必须指出，合理划分省、市、县、镇四级的财政事权和支出责任是乡镇政府有效提供基本公共服务的前提和保障。当前存在的主要问题是，一些本来应当由上级政府承担的事务，强制交给乡镇政府承担。由于乡镇政府财力极为有限，无力承担这些事务的支出责任，从而严重地制约了乡镇一级基本公共服务建设。因此县级以上地方各级政府，要支持乡镇基础设施和社会事业发展，引导社会资金投向农村和小城镇。对县以上政府及其部门安排的基础设施建设和其他建设项目，属于县级政府以上事权的应足额安排资金，不得要求乡镇安排项目配套资金。进一步深化财税体制改革，按照事权和支出责任相适应原则，逐步明确经济发达镇政府事权和支出责任。上级政府对下放给经济发达镇的事权要给予相应的财力支持。应由上级承担的支出责任，不得转移给经济发达镇承担。最后，落实农业转移人口市民化的若干财政政策，促进基本公共服务均等化。

## 第四节　小城镇发展的两个案例

小城镇发展的原则、战略以及政策保障为我们奠定了城乡一体化框架下小城镇发展的理论基础。接下来，两个不同区位、不同产业特征的小城镇发展实践将进一步为我们拓宽发展思路。

### 一、浙江湖州八里店镇发展实践

八里店镇隶属浙江省湖州市，地处湖州市东郊，距市中心仅有 5 千米。2017 年，小镇区域面积 121.7 平方千米，辖 35 个行政村，人口 75293 人。2004 年被评为浙江省百强乡镇。2004 年以来连续十一年荣获湖州市工业强镇一等奖。2008 年全年累计完成总产值 312.38 亿元，其中第一产业 3.03 亿元，第二产业 284.06 亿元，第三产业 25.29 亿元。2019 年连续入选“2018 中国乡镇综合竞争力 100 强”以及“2019 年度全国综合实力千强镇”。目前，八里店镇共有规模以上工业企业 70 多家，其中包括金洲集团、大东吴集团、环球轻纺集团、泰仑电力线路器材有限公司等一大批千亿级企业。从八里店镇的地理区位以及十几年的发展历程不难看出，它属于典型的近郊型小城镇，工业化发展战略以及受中心城市辐射带动特征明显。

当然，在城市化、工业化进程稳步推进的同时，该镇还大力推进新农村建设。2003 年以来，随着湖州市东部新城的崛起，区域内所有行政村已全部安置进入社区，做到了“不见旧村、不见旧房”。目前，区域内有 4 个安置社区和 3 个商业开发社区，总占地 247.84 万平方米，建筑面积 322.28 万平方米，居民房屋 20998 套，居住人口近 5 万余人。其中安置社区包括八里店社区、西山社区、三合家园社区、西湖漾社区，总建筑面积达到 255 万平方米，已安置人口近 4 万人，是目前湖州市最大的农民安置社区群。配合工业园区、农民安置社区建设，八里店镇还积极推进生态环境修复与农业现代化建设，区域内建成了西山漾国家城市湿地公园以及国家级现代农业示范区农业改革与建设试点。在经济高速发展的同时，八里店镇先后获得国家级生态乡镇、省级生态乡镇、浙江省教育强镇、浙江省体育强镇、浙江省“东海明珠工程”、湖州市“平安乡镇”（十连冠）等多项荣誉。八里店镇在城乡融合发展方面成绩无疑是斐然的。综合起来看，其成功主要来源于以下两个方面。

（一）加快体制机制创新，为城乡一体化发展保驾护航

在初期，针对发展中存在的诸多问题，八里店镇结合土地利用总体规划的实际，将镇域总体规划、村庄布局规划与湖州市的城市发展规划积极对接，严格从城市群发展视角编制总体的发展规划，认真实施土地综合整治规划和各专项规划，统筹安排区内生产、生活、生态等用地的规模和布局，并就整体推进社区建设、产业发展、公共事业发展、农田水利建设、生态保护等实行了以下六个方面的创新：围绕土地流转和农业园区建设经营，创新现代农业可持续发展机制；围绕农村土地综合整治，加快农房改造建设，创新社区规划建设管理机制；围绕特色经济发展，壮大村级收入，促进农民增收，创新富强村增收发展机制；围绕生态保护和美丽乡村建设，创新生态文明建设示范机制；围绕改善民生，提高农民素质，促进社会和谐，创新基本公共服务供给机制；围绕破解城乡发展一体化资金瓶颈，创新区域建设投融资机制。这六方面的机制创新为顺利推进城乡发展一体化提供了保障。

如今的八里店镇正焕发出前所未有的生机。其“北片集聚成城、南片示范成型、社区管理成街”的战略步伐正在加快推进。

八里店镇北片 25 平方千米范围内，一座承接湖州市东扩的东部新城正拔地而起，逐渐成为湖州城市副中心以及未来湖州城市化发展的主要增长极。在湖州市东扩辐射影响下，八里店镇北部逐渐汇集了一大批优质的城市经济资源和项目，中小学、文体中心、医院等众多优质城市配套资源加快集聚。该区域的西山漾景区成功入选国家城市湿地公园，并成为省级首批特色小镇——丝绸小镇的核心区域。从建设投资来看，仅 2019 年一年，该区域新一轮的“建设大单”中就排定了项目 45 个，总投资达到了 177.8 亿元。当然，在北片新城崛起的过程中，区域内的特色园区也起着至关重要的集聚作用。新城内占地 10 公顷的总部经济园就是典型的范例，其中楼宇集商业、

休闲、办公为一体，为整个区域形成国际化、高端生态商务区提供了有力的支撑。区域内的多媒体产业园也逐渐形成了数据和云计算中心产业、电子商务产业、文化创意产业和工业设计产业四大产业，该产业园已经成为该区域信息技术与文化资源相结合的典型。位于区域中心地带的吴兴科技创业园则在"特"字上做文章，牢牢把园区的产业锁定在"互联网＋"、信息经济、科技研发服务业和高端智能装备制造业等领域，是国家级科技企业孵化器和省级留学人员创业园，目前已经成为湖州新城区高新技术产业发展的前沿阵地和高新技术成果引进、人才培养的重要平台。

八里店镇南片地区，在农村土地整理、流转的政策推动下，目前已经成为现代农业发展的有效载体。在近2000公顷的土地上，一年四季稻花飘香、鱼鲜蟹美。作为浙江全省第一个新农村建设体制创新试验区——八里店镇南片正在深入推进现代农业转型升级，努力打造生态一流的"田园城市"。

在最大的农民安置社区群中，八里店镇围绕小城镇环境综合整治，高标准开展了区域环境综合治理。社区治理中注重小城镇格局与街巷肌理的延续，注重保护和传承历史文化，彰显新农民社区格调，保证了风貌特色和产镇之间的融合发展。通过打造优美的环境、建设完善的设施，极大地提升了居民群众生活居住的满意度、获得感。

（二）以社区建设为抓手，缩小城乡社会发展差距

中国城镇化事业的一个重要目标就是逐渐实现城乡社会事业的同步发展。其中基础设施和其他社会公共服务的城乡全覆盖就是重要的途径。根据中华人民共和国民政部的统计，截至2017年12月31日，我国共有行政村691510个，对应的自然村就更多，因此，每个村落的人口规模都普遍较小，而且分布居住都十分分散。在农村青壮年劳动力大量外流，许多村庄"空心化"的背景下，村庄实际人口更少。在这样的人口分布条件下要实现公用基础设施和公共服务的全覆盖，可想而知，其成本和难度有多大。虽然在前些年的新农村建设过程中，随着村村通公路项目等政策的强力推进，许多地处偏远或者山区的村庄也修筑了公路，但较高的修建和维护成本已经大大透支了农村地区有限的公共资源，造成了公用基础设施和公共服务效率的低下，因此，推行适度的村镇合并，实现人口适度规模集中，是降低公用基础设施建设和公共服务成本，提高公共服务效率的有效途径

之一。

当然无论是政府主导的村庄行政隶属关系的调整，还是推动小城镇迁移所引发的人口居住空间适当集中都只是新型农村社区建设的第一步，后续的第二步还必须强化综合配套服务建设。新型农村社区建设过程中要突出公共服务配套，社区居住就业服务功能与城镇接轨。如果新型农村社区建设仅仅做到了人口集中而没有就业支撑，没有公用基础设施和公共服务效率提升，那这样的人口集中只不过是传统村庄的叠加，就村庄而言没有发生实质性改变。

在新型城镇社区建设方面，八里店镇从缩小城乡基础设施、公共事业发展差距着手采取了以下措施：一是利用靠近湖州吴兴区的有利条件，将城区水、电、气、路等基础设施向农村社区延伸，改善其生产和生活环境条件；二是配套建设相应的医疗、教育、文化、就业和社会管理服务等机构，实行城镇化管理；三是建立健全社会保障体系，实现对社区成员的社会保障全覆盖。当然，细化落实管理以及改革投融资模式也是城镇社区建设的重要内容。在最近推行的“美丽浙江百镇争流”小城镇环境综合整治活动中，八里店镇与吴兴区城投公司分别作为业主方采用公开招标的形式，共投资 2.73 亿元作为小镇整治项目资金：在环境整治方面，重点做好“破”的文章。破除和舍弃农民安置社区积习，针对“毁绿种菜、防盗窗笼多、车辆无序停放、楼道乱堆放”等问题，大力推进环境卫生、城镇秩序等方面的整治，打造清洁有序环境；在环境建设方面，重点做好“漾”的文章。以草荡漾、阳塔漾、叶堤漾、长荡漾四个漾为核心，打造“湖漾”特色景观；在社区功能方面，重点做好“立”的文章。新建文体中心和小圆角人才公寓等功能区域，通过修缮、增设、改造进一步完善基础设施，依托“湖城向东”、丝绸小镇、总部自由港等品牌，使区域逐渐成了高端服务性、成长性、科技性产业资金以及人才流入的洼地，逐步将自身转变成了一座产业兴旺、特色鲜明、经济发展的新城区。

## 二、河南浚县王庄镇发展实践

王庄镇位于河南省浚县城北 10 千米处，2017 年总面积 99.5 平方千米，耕地 6000 公顷。由于它所属浚县是一个典型的粮食畜牧大县，而且距离鹤壁市市区较远，所以是一个典型的远郊型小城镇。

依据前面“依托区位特征，创新发展模式”的相关理论，王庄镇应该是典型的地理上远离城市、经济以传统农业尤其是粮食种植为主、农民收入以务农和外出打工为主的传统农村地区。这种类型的小城镇基本构成了我国农村地区小城镇的主体。由于远离城市，这些农业型乡镇无法享受到产业集聚和周边城市扩张所带来的土地增值红利，因此，普遍发展较为落后，居民收入低下，尤其在当前我国农村青壮年劳动力大量流失，村庄和村庄集体经济“空心化”现象严重的背景下，这类小城镇的发展相比近郊型以及过渡型小城镇的发展面临的困难要多。当然，依托利用自身的资源优势，发展专业化、特色化产业经济还是能为这类小城镇提供较大的发展空间。这一方面，王庄镇无疑是一个较为成功的范例。它依托自身较好的农业资源条件，走出了一条农业现代化、产业化与新型城镇化相结合的新路。2012 年王庄镇被确定为“全国发展改革试点城镇”，2014 年又被确定为全国重点镇。其成功的经验总结起来，可以概括为以下几点。

(一)大力推进农业产业化、现代化

在工业化基础薄弱、大城市化经济辐射不强的背景下，依靠现有的农业基础，以现代农业建设为抓手，不失为振兴传统乡镇的一个务实选择。由于在大宗粮食作物的种植面积、产量、品质、劳动力成本等方面都具有比较优势，因此，可以依托粮食和畜牧业生产的比较优势，延伸农业产业链，形成规模化、产业化的现代农业，并在此基础上“接二连三”，形成三产融合发展格局，最终演化为地区经济的新增长点。相比从无到有、费时费力地去培育所谓的新兴产业，或绞尽脑汁用各种所谓的优惠政策去吸引工商业，这样的发展模式和思路无疑更加务实可靠。

王庄镇走的就是这样一条现代农业兴镇的道路。依托粮食资源优势，王庄镇以粮食精深加工产业为重点，积极扶持企业发展壮大，同时依托产业园区支撑，积极推动农业产业链条延伸，利用市场化运作方式构建起企业、合作社、农民之间互惠互利、利益共享的联结机制，最终实现了传统乡村的跨越式发展，形成了农民增收、企业获利、农业发展、农村繁荣的良好局面。从 2010 年起，王庄镇政府就携手农业产业化国家重点龙头企业——中鹤集团，以现代农业为抓手，协同推进二、三产业以及城镇化发展。王庄镇与中鹤集团共谋发展的主要做法如下:第一,依托土地流转实现粮食种植的规模化。自2010年起,王庄镇就开始了土地集约连片经营的探索。农民通过成立"土地流转专业合作社",在镇政府"土地流转服务中心"的协调下,与粮食加工企业——中鹤集团签订土地流转协议,实现了粮食生产的规模化和集约化。目前,王庄镇的9万亩耕地已经全部流转至中鹤集团。第二,向粮食深加工领域拓展。在粮食规模种植的基础上,实现了粮食的就地深加工,有效增加了粮食作物的附加值。目前,小镇已经具备能力提供玉米淀粉、小麦淀粉、营养挂面、饴糖、饲料、乳制品、腐竹、玉米食用油等各类农业系列产品。第三,打造、延长农业全产业链。通过"种养加、产供销、农工贸"一体的产业体系建设,逐渐形成绿色、循环、生态的多功能复合型产业体系。镇域内目前已经建成了4000公顷优质小麦生产基地、200公顷标准化肉羊肉牛养殖区、优势特色经济林果种植区、粮食精深加工产业园等一、二、三产业园。

(二)大力推进产城融合发展,落实新型社区建设

为了切实响应"三化"协调发展的目标,王庄镇按照"以产兴城,以城促产,产城一体"的发展理念,按照居民生活区、工业园区、现代农业园区功能明确的原则,规划建设了王庄镇新型农村社区——中鹤新城新型农村社区。通过合村并居、宅基地集约置换复垦、土地流转等措施,逐步引导农民向镇区集中,同时将农村人口集中居住后节约出来的集体建设用地,按政策要求进行复垦,结余指标用于工业园区建设,推动工业生产发展,同时启动社区水、电、供热、污水处理、绿化、亮化等配套基础设施建设。依托中鹤集团高起点规划建设的,总面积达13平方千米的中鹤新城,将企业扩张与社区建设以及农民就地城镇化紧密捆绑在了一起。

由中鹤集团下属的新城投资有限公司开发的,旨在打造"生态、宜居、绿色、低碳"特色鲜明的三产融合型田园城镇,一定程度上实现了环境上的清洁优美、生态上的良性循环、经济社会上的协调发展。该社区型项目计划分三期建设,总投资86亿元。目前已投资约42亿元,已建成面积120万平方米,在建面积约150万平方米,项目计划在10年内建成一个可容纳6万—8万人的集中居住的大型社区,实现农民就地城镇化。

虽然在协同推进的过程中也遇到了方方面面的问题,但中鹤新城依照

田园城镇规划理念，努力实现城市结构有机疏散、产城融合、打造可持续发展小镇生命体的发展模式还是值得其他类似小城镇借鉴。在 2016 年 10 月举行的第三届联合国住房和城市可持续发展大会上，中鹤新城项目还在论坛上荣获了“全球人居环境示范住区”大奖，这进一步展示了这种城镇发展模式的巨大潜力。强调紧凑布局、适当密度、混合用地、多元居住、产城融合的城镇村落结构应该是我国依托产业带动小城镇发展的典型道路。

# 第九章 特色小镇发展推进城乡一体化

2016 年 7 月，国家住建部、发改委、财政部联合发布的《关于开展特色小镇培育工作的通知》明确提出：力争在 2020 年培育出 1000 个左右各具特色、富有活力的特色小镇。通知的发布宛如“一石激起千层浪”，使得一场围绕新型城镇化、产业培育而开展的小镇建设运动在全国各地纷纷拉开大幕。2019 年 4 月 15 日，中共中央国务院发布了《关于建立健全城乡融合发展体制机制和政策体系的意见》。意见第二十六条明确提出了“培育发展城乡产业协同发展先行区，推动城乡要素跨界配置和产业有机融合。把特色小镇作为城乡要素融合重要载体，打造集聚特色产业的创新创业生态圈。完善小城镇联结城乡的功能，探索创新美丽乡村特色化差异化发展模式，盘活用好乡村资源资产”。意见再次重申了特色小镇对于城乡融合发展的重要意义。作为小城镇的一种特殊样板，特色小镇之所以如此被青睐，并且从最早只具有经济学色彩的一个话题迅速溢出，成为社会学、生态学、建筑学等学科共同关注的话题，其根本原因还是在于它顺应了我国城乡社会发展的时代特征，沟通契合了新型城镇化、产业转型升级以及城乡一体化发展这几大战略目标。为了更好地理解这其中的逻辑，我们有必要对特色小镇的内涵、功能、发展定位进行深入分析。

## 第一节 特色小镇兴起的背景、内涵、类型

### 一、特色小镇兴起的背景

诚然，特色小镇的发展模式在国外早有许多成功先例，如以高新产业著

称的美国硅谷，以花卉和香水而闻名的法国格拉斯以及德国的大众汽车城沃尔斯堡，但为什么直到今天这种“将城市化和产业化”精妙融合的发展模式才受到我国学界、政府的广泛关注，并极力将其融进我国改革实践的大潮中呢？一个重要的原因是我国的城乡社会事业已经发展到了一定水平，城市资本以及工业实力基础为特色小镇的培育提供了条件，同时城乡融合发展也进入了深水攻坚期，机遇和挑战所产生的合力共同催生了特色小镇建设的内在诉求。

长期以来，依托城市以及工业偏向战略，推进农村剩余劳动力转移是我国解决城乡分割的重要路径，这一路径在特定的历史时期极大地激发了经济发展的活力，但却没有从根源上消融二元结构，同时还伴生了城市病、农村空心化以及资源环境制约等新的问题。依据城镇化发展的两种动力机制：一种是城市经济增长对劳动力的需求拉力，一种是农业劳动生产率提高产生的农村剩余劳动力从农村向小城镇的转移推力。两种力量都是地区劳动生产率提高和经济发展的结果。从目前我国人口城镇化发展所面临的一些问题来看，大城市的拉力和农村的推力都出现了一些阶段性的发展问题。因此，当下迫切需要转变传统城乡发展理念，迫切需要在城市和乡村之间找到一个能实现两者有机融合发展的节点，依托产业发展、经济文化融合来加速推进深层次的城乡一体化。在这样的时代背景下，凝集城市和乡村共同发展期望的“特色小镇”受到青睐就不难理解了。

此外，特色小镇的发展理念也符合我国许多小规模城镇的发展成长逻辑。在城镇体系职能结构研究方面，亨德森（Henderson）认为，随着城镇体系的发展，规模较小的城镇的经济职能会偏向于某类专业化职能，如专业镇和县域产业聚集等形态，而规模较大的城镇会更偏向于城市功能的多元化拓展。在我国众多的小城镇中，规模小、区位优势不明显的仍然占绝大部分，因此，特色经济、特色产业发展、特色小镇打造应该是它们重获生命力和发展动能的重要途径。特色小镇发展的根本目标还是将产业发展与生态宜居结合起来，通过城市人才与技术的植入，寻求撬动经济发展的新引擎，引领产业创新发展，其本质是一种“大城小镇”的协同发展模式。

## 二、特色小镇的内涵

那么特色小镇到底是什么样的小城镇呢？由于我国许多特色小镇的建设仍处于探索试点和路径摸索阶段，因此学术界对此仍存在许多的争论。比如周晓虹(2017)认为，特色小镇是一种优化产业布局、注重发展内涵的区域增长模式，是促进产业转型升级以及推动供给侧结构性改革的经济发展模式，是多元主体参与，满足不同群体差异化需求的社会治理模式。并且，特色小镇作为一种新的发展理念与发展模式，与以往传统模式的最大区别在于将文化的创新与塑造摆在了突出位置。特色小镇的文化塑造不但能赋予小镇中生活群体内在的灵魂与社会认同感，还是供给侧结构性改革的重要方式之一；苏斯彬、张旭亮(2016)认为，“产、城、人、文”结合的特色小镇是“自上而下”的顶层设计与“自下而上”的基层探索相结合推进新型城镇化的有效途径；李柏文、曾博伟(2017)认为，特色小镇是我国未来小城镇建设与中小城市发展的方向，是新型城镇化的重要路径选择，是一种高级的城镇化形态。

从上述国内特色小镇的理论成果可以看出，研究多以定性研究为主，主题大致分为两类：一类是以特色小镇建设功能聚焦为视角，强调产业创新、集聚、融合；二是以城镇化发展为视角，主张小镇是新型城镇化建设的载体。但是无论哪种视角，特色小镇能在众多的小城镇发展模式中脱颖而出，成为学者们研究的热点、政策制定者们关注的焦点①，原因还是在于其独特的内涵。根据目前江浙等地区特色小镇的成功实践，发现其活力主要在于“特”。第一，它具有很强的产业“特”色。它在发展过程中大多凭借自身资源环境优势、地理或者文化优势，通过做大做强优势产业而取得成功。产业是特色小镇发展的动力和可持续发展的基础，其内在的逻辑是通过凸显“小镇特色”来发展“特色小镇”。特色小镇产业的集聚以及升级无疑让城乡产业的融合找到了一个平台和着力点。第二，它具有鲜明的空间地理“特”征。比如早期江浙等省脱颖而出的特色小镇可能更偏重功能定义，即特色小镇很

① 如浙江省在“十三五”规划期间，明确计划打造百个省级特色小镇，使之成为新常态下推进浙江省供给侧结构性改革的助推器。

可能就是某个区别于行政区划单元和产业园区，独立于市区或者街区的空间斑块，这种空间发展平台处于“非镇非区”①的模糊空间地带，但在三部委2016年的发文中，明确提出了特色小镇的选址原则上是建制镇，尤其是各级重点镇、重点中心镇。将特色小镇限制在建制镇的边界之内，有一个主要的目的就是避免传统城市开发区以及房地产的蔓延，着重把产业、旅游文化、社区功能塑造等活动推向城市的更新而非城市的蔓延。因此，特色小镇仍然应该是我国新型城镇化战略中的一个重要节点，其发展的目的是强化大中城市和县域村镇的有机融合，通过强化附着在小镇上的产业功能，带动人口、城镇社区、文化等聚集，从而形成大中小城市协同共生的新型空间体系，夯实城乡一体化发展的空间基础。

## 三、特色小镇的类型

特色鲜明、主题突出是特色小镇的重要特征。特色小镇的目标优势是融合发展，因此，无论当初是因为哪种机遇或者原因成长起来的，成熟的特色小镇往往都具有旅游、休闲、文化、居住等诸多的创新功能，是复合功能型的小镇。这里对其类型进行划分，目的主要在于理解小镇成长的因素和其内在的发展规律，让我们对于成长初期的小镇以及如何成功打造小镇有一个更加明确的认识，而不是对其最终功能的分类。

目前对于特色小镇的类型划分理论并不统一，大多倾向于依据产业或者行业来进行划分，比如农业特色型、制造业特色型、服务业特色型。其中三次产业的内部又可以进一步细分，如服务业特色型则可以分为金融、文创、旅游、餐饮等。然而随着许多特色小镇的进一步发展，各行各业之间会出现不断的融合，如农业旅游业、文创制造业等，因此对于那些成熟型的小镇，简单地从行业角度进行划分已经很难将小镇的地域特色凸显出来。但为了探索不同主题的小镇成长、成功规律，我们又确实有必要分类讨论，因此，从小镇最原始的资源禀赋和空间特征视角，我们还是将小镇粗略划分为农业特色小镇、非农产业特色小镇以及旅游特色小镇三大类。

---

① “非镇非区”是指既非行政区划中的镇，也不是普通的经济开发区。

(一)农业特色小镇

农业特色小镇顾名思义就是以农业优势资源为核心,根植于农业、农村发展环境的一类特色小镇。它往往将自然、经济、技术等多元要素聚集在一定的区域,以特色农业经济的方式形成一个多功能集聚区和多功能平台。农业特色小镇往往位于农村腹地或者城市远郊,在当前我国大力推进农业供给侧结构性改革的背景下,它已逐渐成为现代农业与新型城镇化协同发展的重要载体。

当然,农业特色小镇的成长是需要一定条件的。产业发展、功能提升、形态多样以及制度创新共同构成了小镇成功演化的四大要素。四大要素间相互关联、共同推动,同时要素的不同组合和外部社会经济环境共同作用,推动了农业特色小镇的进一步细分,比如,法国的香水小镇格拉斯、红酒小镇波玛都可以视为典型的农业特色小镇。

第一,产业发展,即小镇的特色产业聚集。它是农业特色小镇发育成长的基础和核心。"特色小镇建设+现代农业产业园"的发展格局是小镇"产城融合"的常见发展模式。其中小镇是核心区和增长极,产业园是示范辐射区,这样的模式有助于实现农业规模化、标准化、品牌化、组织化和市场化的有机统一。现代农业产业园区往往能较好地承载农业新技术试验、农业物联网、智能设施农业等试验示范应用,使种养循环的现代绿色低碳生产方式得到充分展示。在农业产业链延伸基础上所形成的生产链、物流链、信息链、价值链的统一,能充分发挥产业聚集效应和协同效应,进而带动一、二、三产业融合发展。

第二,功能提升,即小镇经济、社会、生态功能的提升。经济功能、社会功能和生态功能的"聚合"是农业特色小镇发育成长的动力和引擎,尤其是经济功能的提升和完善。小镇经济功能的提升主要体现为农业特色产业发展带来产业转型升级,带动周边类似产业集群化发展,进而促进创新链、产业链、价值链、生态链延伸,促进农民收入可持续增长。同时,由农业产业支撑衍生和拓展的农业科技孵化展示、农业教育培训、科普宣传、农业创意、休闲体验、园艺疗法等,也可以促进农业特色小镇经济功能的持续提升。经济功能的增强同样可以带动社会功能、生态功能的扩展,比如,基础设施配套建设、创新创业者的流入、政府服务体系完善以及生态环境修复等。这几种多功能相互叠加在一起形成放大效应，能进一步有效强化产业的吸纳和辐射，实现与大城市功能的互补和平衡，为城乡居民提供更加贴近自然的物质和精神家园。

第三，形态多样，即小镇的形态在发育过程中呈现出不同的特征。成长中的特色小镇往往展现出较强的发展活力和个性，呈现出不同的形态。比如，一些小镇在生产、生活上传承和保护了传统文化的原生性、鲜活性，呈现出一种恬静的原乡生活方式；有些小镇与新农村建设、“互联网＋农业”紧密结合，呈现出一种现代化气息十分浓厚的现代乡村景象，从而实现了“农业特色小镇＋美丽幸福新村”的完美融合。

第四，制度创新，它是农业特色小镇发育成长的支撑和保障。制度的创新可以体现在两个方面：一是正式制度的创新。正式制度建设需要在土地流转、农村金融支持、科技人才流动、技术服务体系、新型经营主体扶持等方面进行一系列改革和尝试。坚持“政府引导、民企引领、创业者为主体”的运作方式，需要对“农业共营制①、农业职业经理人、农业 CEO、共享农庄”等商业模式大胆创新和探索，体现地方新特色。二是非正式制度领域的创新，比如积极利用乡村治理、家族传统、乡土习俗等非正式制度来引导当地农民积极参与特色小镇的规划建设，通过引入社区民主自治来降低交易管理成本，提高发展效率。总之，农业特色小镇是乡村地区特色经济发展到一定程度的必然产物，农业特色小镇的入选和打造又反过来进一步推动了当地生产、生活、生态的融合发展。

### （二）非农产业特色小镇

非农产业特色小镇是相对于农业特色小镇而言的，它的形成和发展通常基于制造业、金融服务业、文化创意等非农产业。它往往位于大中城市的近郊或者自然人文条件优越的地区。除了所依托的产业资源禀赋和类型与农业特色小镇不同，非农产业特色小镇的成功依然依赖于产业聚集，以及产

① “农业共营制”模式的基本思路是以农户为主体，自愿自主组建土地股份合作社，推进农业的规模化经营；培育农业职业经理人队伍，推进农业的专业化经营；以强化社会化服务，推进农业的组织化经营，从而实现多元主体的“共建、共营、共享、多赢”。该模式最核心的特征可以概括为“村级土地股份合作社＋农业职业经理人＋农业社会化服务”。

业与城镇之间的融合发展。小镇首先通常依靠大型企业、学校或者科研院所群等在某一个专业领域内形成独特的竞争优势，然后通过与周边各种要素的组合进一步发展。这种小镇一般以一个地域专门化的形式与外界建立联系，或者呈现出一个企业集群的方式与其他地区进行合作与竞争。在这样的地区，企业与企业间，企业与城镇之间都建立了紧密的联系，任何一个企业离开这个环境都很难存活，同时也会给其他企业带来损失。归根结底，这样的小镇成长的原因主要有两种：一种是在小尺度的空间范围内，因为某个发展契机而形成鲜明的产业集聚区，并经过与外界的多次博弈最终寻找到一个适合本地的发展机会。如，美国纽约的格林尼治基金小镇利用比邻的纽约金融市场、区域税收优惠、生态环境优良和全方位的生活配套等综合优势，吸引了大量从事基金工作的工作人员前来居住，从而形成了基金小镇。再如，被列为第一批中国特色小镇的浙江省诸暨市大唐镇，依托绍（兴）大（唐）以及杭（州）金（华）衢（州）高速公路、浙赣铁路四线交汇的黄金经济带的区位优越，通过引入意大利的罗纳地、胜歌，韩国的富胜、山水等公司，建成了国内最多的国际袜业知名品牌汇集地、最大的袜业企业生产发展区、最先进的袜业特色工业区和最繁荣的袜业商贸区，成功地塑造了“国际袜都”的小镇形象。

当然，许多制造业、金融服务业等特色小镇的成功都离不开小镇中承载企业聚集的产业园区，但产业园区绝对不是特色小镇的全部，它只是小镇在产业和经济发展层面的一个缩影。一般的产业园区往往属于政策区，受产业和土地优惠政策吸引，占用较大面积进行土地开发和厂房建设，园区管理一般实行企业管理，管理职能较为单一，没有环境、文化、旅游等公共服务配套要求。相比之下，特色小镇则要求实施综合性的、甚至创新性的城镇管理，要求实现城市功能与产业功能的融合。

（三）旅游特色小镇

随着国民经济的快速增长，我国的旅游业也进入了一个高速增长的阶段，旅游已逐渐成为人们的一种生活消费需求。旅游型特色小镇的发展恰好迎合了居民收入水平提高后的这种高层次的需求。旅游特色小镇是基于该地区的某种旅游价值而产生的。

当然，这种旅游价值并非完全与生俱来，有些则需要通过引导以及创意元素的融入。比如,台湾地区著名的青蛙小镇,该镇坐落于台湾地区南投县桃米村,曾经是该地区最穷的村子之一。后来遇见了921大地震,于是一批人返乡帮助重建。最开始他们也想打造几个景点,搞旅游开发,但请来一批专家调查后发现,这个地方十分接近日月潭,游客只会被该景点所吸引,而且当地要人文没人文,要历史没历史,要风景没风景,因此陷入了困境。但是专家在调查过程中还是发现了一个很有趣的现象,那就是本地不仅青蛙非常多,而且其中还有一个特别的品种——黑蒙西式小雨蛙,于是桃米村找了一群画家把这些青蛙画成各种卡通卡片,打造了全台湾地区第一个青蛙观光特色社区。换句话说,就是把青蛙当成了这儿的主人,给青蛙起了一个超酷炫的名字——忍者黑蒙。于是后来顺着青蛙主题做文章,利用青蛙资源和水资源,陆陆续续开发出了一系列项目。在桃米村处处可以看到青蛙雕塑和图案,处处可以感受到青蛙文化的烙印,如供游人住宿的"青蛙主题民宿",可以带孩子一边玩水、一边搭桥的"青蛙课堂",甚至男女卫生间也命名为"公蛙"和"母蛙"。当地甚至还做了一个App,面向全台湾地区邀请部分小朋友来这儿游学,利用治疗城市孩子自然缺失症以及亲子游的大潮,有效拉动了当地经济发展,同时也利用民宿、餐厅创造了很多就业机会。这种青蛙是主人、游客是客人的"小题大做"式的旅游开发创新思维无疑值得国内许多旅游特色小镇学习和借鉴。

一般说来,以自然资源为基础的小镇往往建设在风景区附近某个适合人聚集的地方。这类小镇的经济价值与风景区的知名度和级别休戚相关,但是著名的风景区往往地理偏僻、交通成本大、基础设施差、旅游服务资源紧张,因此,城镇建设、管理服务以及文化休闲设施配套压力大,这类小镇规模上进一步发展的难度也比较大。以人文景观为基础的特色旅游小镇,往往既有历史的积淀又有文化的底蕴,所以通常比较容易吸引人口的聚集。这类小镇突出的特点就是其典型的古建筑群落和悠闲的古镇生活情趣,当然,这也需要小镇及其周边地区来共同打造,包括所在腹地的居民生活习惯、文化习俗、生产方式和环境等,因此,保留和传承是建设发展的关键。

当然,随着产业间的演化和融合,农业特色小镇、非农产业特色小镇以及旅游特色小镇间的界限会变得越来越模糊。许多类型的小城镇最终都会在坚持自己"主业"的基础上走综合发展的道路。比如,瑞士著名的拉绍德封。坐落于纳沙泰尔州的拉绍德封是一座典型的钟表之都。早在十八九世纪，一批法国贵族为了逃避宗教迫害，迁来此地深居。由于当地汝拉山的气候十分恶劣，不适合农牧业发展，又没有优势资源，于是这批移民就选择了一个用料最少、占地最小但最能体现灵巧双手制造附加值的一个产业——钟表业作为支柱产业，潜心镂刻表盘、表针。这个时期的小城是一个典型的制造业型小城镇。随着瑞士整体手表业无声无息地发展壮大，拉绍德封也变得越来越有吸引力，很多人慕名而来，其中一些做钟表买表，一些来学习制表手艺，还有一些来旅游。如今的拉绍德封俨然已经演变成了环球钟表业的朝圣地、职业教育的中心地。小城中的国际钟表博物馆收藏着从古代计时器到现代最精密钟表的各种展品，是瑞士最大、最引以为豪的钟表博物馆，里边不仅呈现了世界上数一数二的顶级名表和古董，而且展现出了一种与时间、与价格、与品牌无关的，真正富有内涵的文化艺术。此外，其职业教育的发达也慢慢赋予了它一张新的名片"精工小镇"。由于起源于手工制造业，其工匠精神体现得淋漓尽致。联想到我国也有许多类似传统制造业较为发达的小城镇，以及"大国工匠""制造业 2025"等思路的提倡，因此，在这样的一些小城镇挖掘保护传统手工艺、开展职业培训，将它们打造成中国版的"精工小镇"无疑是一种创新的发展思路。

## 第二节　特色小镇推进城乡一体化内在机理

### 一、基于城乡产业发展融合的视角

城乡一体化的本质是统筹谋划城乡生产、生活，促进城乡在产业布局、公共服务、生态保护等方面相互融合和共同发展。特色小镇一头连着城市，一头系着乡村，在践行"以工促农、以城带乡、城乡一体"的融合发展机制方面无疑具有十分重要的引领和带动作用。从产业发展的视角来看，特色小镇助推城乡一体化发展的内在机理主要体现为以下几方面。

（一）特色小镇助推城乡产业要素均衡流动

从国家层面对于特色小镇的行政功能定位可以看出，它的"群众基础"

仍然是县域经济范围内，那些承接城市经济辐射、带动周围乡村片区发展能力较强的“中心镇、重点镇”。相对于传统行政区划体系中的建制镇，特色小镇最鲜明的特征之一就是具有“产城一体、产城融合”的内在发展逻辑，易于通过调节城乡要素的均衡流动，来实现产业规模、人口规模以及城镇规模三者间的协调统一。其特色产业为城乡人口、土地、自然资源等产业要素的合理交换和聚集提供了强大的向心力。

作为新型城镇化的重要棋子，特色小镇往往布局于城市和乡村空间网络的结合部，因此，它非常利于吸纳周边农村剩余劳动力的就近转移，同时凭借较为完善的乡镇基础设施、较小的社会福利成本让农民真正成为“市民”，实现就近、就地城镇化，避免长途迁徙、涌入大中城市造成浅城镇化的尴尬局面。很多的特色小镇生态、文化资源丰富，产业投资机会多，而且与大城市距离适中，这些特质一方面有效避免了大城市拥堵、噪音等所带来的生产、生活隐性成本增加，另一方面又享有大城市服务配套等各种空间效应溢出，因此，也会大量吸引城市居民迁入投资或者居住，出现所谓的“逆城市化”。从这个角度讲，特色小镇无论是被视为“乡村城市化”还是“城市乡村化”都能实现城乡一体化过程中人口这一要素的合理均衡流动。由于特色小镇承担了人口聚集居住的社区功能，所以往往以小城市的标准来建设，这一发展思路无疑会推动周边农村土地、文化等要素向特色小镇聚集，同时交通、卫生医疗等公共服务要素借助特色小镇向农村辐射和延伸，从而使其城乡一体化战略节点的作用愈加显现。

在互联网和大交通的时代背景下，特色小镇这种新型的空间模式，不但迎合了现代人在市场大潮中的创新激情，更满足了他们在优美环境中诗意生活的追求，这种令人羡慕的，对城乡都极具吸引力的生产、生活方式无疑就是破解城乡二元结构的有效抓手。

### (二)特色小镇助推城乡产业空间合理布局

城乡一体化的内在诉求之一就是城乡产业发展上的一体化，即城乡间产业要素既能自由合理流动，同时城乡产业在空间上也能合理布局。这一目标在传统城市化进程中实现得并不好，最直观的表现就是城市一些产业由于空间、环境因素等限制出现了过度拥挤，相反一些土地、生态资源、历史文化条件较好的乡村地区则由于缺少产业支撑而逐渐“空心化”。根据规划，特色小镇多分布在城乡边缘地区，嵌入乡村，因此，它能有效缓解城市和乡村在空间上的隔离，更为重要的是它能凭借这一过渡性的空间地理形态，为城乡两经济系统长期分割的产业对接提供帮助。首先它能疏导部分城市产业向乡村地区转移。在快速城市化的背景下，一些传统产业在大城市内部运作的空间成本不断攀升，因此，有向外扩展的内在诉求。此时特色小镇凭借较好的产业承载能力、优越的资源条件以及政策引导恰好吸引了城市的目光，因此，二者顺利"联姻"，一些城市的产业经济要素随之向周边的小城镇不断析出。同样，乡村地区原本落后分散的一些农村产业在特色小镇这一优势平台的吸引下自然会不断聚集。在承接城市转移产业、聚集乡村产业的过程中，特色小镇能有效优化城乡间产业空间和结构布局，实现"大中城市产业高端化、小镇产业特色化、农村产业现代化"。特色小镇通过产业培育以及优势产业平台的搭建，为城乡产业一体化提供了强大的内生基础。

### （三）特色小镇助推城乡产业演化与融合

根据近年来各地区的建设规划，特色小镇大多选址在一些旅游资源、文化资源或者农业资源较为丰富的建制镇。这种独特的资源优势也为城乡产业间的深度融合提供了良好的契机。城市转移产业在特色小镇获得资源优势支撑，小镇资源优势得到城市转移产业的引导与推广，从而形成了城乡间产业形态的相互交融，相得益彰。以传统农产品资源条件较好的小镇为例，此类特色小镇的打造，可以通过导入城市信息技术、旅游服务等产业要素，从而形成智能互联农业、旅游观光农业、生态体验农业等区别于传统农业的新型业态，进一步消弭城市和乡村由于传统一、二、三产业分割所造成的隔离。此外特色小镇在促进城乡产业经济融合的同时，同样能带动城乡文明以及生活观念的有机融合。这种城乡一体的文化价值观由于更容易获得城市和乡村原住民的认可，因此小镇对于他们是非常具有吸引力的，从而也就能实现高质量的人口聚集和城镇化，最终实现"产城融合、城乡一体"。

## 二、基于城乡社会管理融合的视角

上面我们已经分析了特色小镇在城乡产业与经济融合方面的发展逻辑，即通过在乡村的中心地区建设一个面向外界的窗口和示范基地，进而在这个示范基地内充分挖掘、利用本地的优势资源，同时借助外部要素，尤其是管理经验和理念，利用大城市产业和人口外迁的机会窗口，建设一个基于乡村地区的聚集中心。这样的聚集中心可以运用城市社区管理模式，淡化行政化管制：通过强化小镇自治和自律意识的提升，打破单一的管理主体，实行多元化的社会治理；可以采取灵活多样的人性化管理服务方式，以公共需求为导向，取代传统的刚性政策标准；可以培育和组建教育、医疗、社保、治安等各方面的公共服务队伍，明确划分责、权、利，从管理主体、服务对象、内容方式等方面进行创新。这样的聚集中心可以模糊城乡边界，弱化城乡居民身份，推进城乡共同治理。在这样的聚集中心，高端连接外部区域，低端连接小镇腹地乡村，有利于打破以"行政单元划界"的管理模式的差序格局，直接将乡村和高端城市连接起来，搭建一个有效的城乡发展平台，并创造出可以将城市和乡村结合起来的单层网络结构，使得地方资源和要素能直接与外界经济建立联系，并依托资本流、人口流、信息流，形成可以看得见的城乡一体化区域网络，这无疑是城乡一体化发展的一个突破口和捷径。

特色小镇一般地处城乡接合部，是在接近乡村的地区所选择的聚集中心。作为典型的小城镇模板，它无疑也是政策对象、管理单元和社区三大属性的承载主体。在探索新型的社区治理模式和发展路径方面，它往往具有环境友好、文化和历史传承创新氛围浓厚等特征，从而有利于吸引人才、技术和资金，在发展较为落后的乡村地区首先打造出一片"高地"，最终实现"村镇如城市，城镇是乡村"的完美融合。在城乡产业融合发展的基础上，特色小镇居民基本权益的平等化、城乡公共服务的均等化、城乡居民收入的均衡化则更容易得以实现。进而，传统的城乡社会的二元管理体制也逐渐被融合的一体化社会管理体制所取代。

## 第三节 特色小镇推进城乡一体化基本原则

### 一、依托小镇建设实现城乡治理一体

我国二十世纪下半叶，由于"城市优先"的战略导向，农村资本以及土地

价值被城市大量吞噬。虽然城乡界限在土地快速城市化和农业人口大规模转移的作用下,逐渐变得模糊,但这一"浅"城镇化并没有消弭深层次的城乡对立。相反,体现在工资、隐形收入等各个领域的城乡经济不平等现象不断加剧。经济的不平等进一步导致了社会政治的不平等,继而是城乡社会保障等资源占有的不平等,城乡治理制度上的对立和割裂,因此,城市文明发展的一个重要使命其实是克服城乡间、大中小城市间表现出来的空间权力上的不平等。

特色小镇处于城乡的边缘地带,从空间位置来讲,它对社会资源的分配权也应该是居于大城市和乡村之间,因此,也有利于利用权力的空间梯度来构建一个开放平等的社会经济环境,依托城乡治理的一体化来实现城乡社会经济的一体化。具体而言,在小镇的规划、建设和治理过程中要摒弃城乡割裂的传统思路惯性,推进融合发展。在小镇的建设中,围绕产业发展所进行的土地开发利用,要融入城乡一体的土地总体规划中。借助创新性的农地确权、流转经营、功能调整等机制,提高特色小镇土地等产业资源集约利用水平。落实国家全力推进的城乡统一户籍管理制度,逐渐弥合城乡户籍背后隐藏的社会资源占有的不平等。统筹谋划,重点加强城乡共享型道路、垃圾处理等基础设施建设。推进城乡公共服务均等化,加快科教文卫等社会事业设施建设。发挥特色小镇的农村公共服务平台作用,促进基础设施和公共服务向农村延伸覆盖。

### 二、依托小镇建设实现城乡共享发展

共享发展是我党十八届五中全会提出的五大发展理念之一,它内涵丰富,思想深刻,引入特色小镇的建设中正当其时。

第一,从共享的覆盖人群来看。特色小镇无论是被定义为"乡村的城市化"还是"城市的乡村化",它都覆盖了城乡人口,所以应该是人人享有发展的新型模式。要确保城乡所有阶层、各类群体都能从中获益,共享成果。

第二,从共享的内容看,共享应该涵盖经济、政治、文化等各领域成果。借助产业兴起的特色小镇或许很快能实现城乡经济的融合,但恰如一些学者所言"经济增长,产业发展,从根本上都只是手段,它必须服务于改进提升人的生活、人的发展这一根本目的",所以要摆脱主要从经济和物质的角度

片面理解发展与共享的传统观念，依托特色小镇，实现城乡经济、政治、文化权利的全面共享。

第三，从共享的途径来看，共建是共享的基础。只有尊重人的主体地位、首创精神，激发其积极性、主动性，才能尽可能调动城乡大众的创新创业潜能。在小镇的发展中要树立“以创新创业企业为主体”的理念，通过“产业项目引入，市政服务跟进”的发展思路，依托小镇的产业聚集平台功能，推动民营经济与国家经济的同步运行，同步发展。

第四，从共享的进程来看，共享应该是一种循序渐进式的共享。受各种因素制约，当前社会发展不平衡、不协调问题还比较突出。江浙等经济较发达地区的许多特色小镇已经闻名遐迩，发展成果也早已惠及城乡众多人口，但在一些经济发展基础和动能都比较弱的地区，特色小镇还处于摸索和学习阶段，所以小镇的发展也应该分阶段、分层次推进，要与当地城乡统筹水平相适应，戒政绩上的急功近利。

以安徽省著名的电商小镇——三瓜公社为例。三瓜公社地处巢湖半汤，是由安徽巢湖经济开发区与安徽淮商集团于 2015 年 9 月起联手打造的安徽省首批特色小镇。小镇首期重点建设了南瓜电商村、冬瓜民俗村、西瓜美食村三个特色各异的村庄，后期更是带动了周边 12 个村庄的发展。由于这里自然环境优美，农业资源特色鲜明，因此，小镇在建设过程中依托互联网技术，以电商为平台，龙头企业带动，农民合作社推动的方式，不断壮大村级集体经济，带富村民，取得了较好的社会经济效益。小镇积极探索一、二、三产业融合、“农旅、商旅、文旅”三旅结合，把电子商务、美丽乡村建设、休闲农业与乡村旅游、半汤农耕文化以及优质半汤自然资源紧密结合在一起，较好地实现了城乡间产业发展方式和路径上的互动与共享。其所推行的“互联网＋三农”模式在推进城乡共享发展方面效果显著：第一，“互联网＋农民”，小镇致力于通过电子商务促进乡村经济可持续发展，通过农产品开发、产业基地建设，有效带动了当地村民创业致富，壮大了村级集体经济，并给农民提供了大量的就业岗位；第二，“互联网＋农村”，小镇以“把农村建设得更像农村”为根本建设理念，加大对村庄道路交通基础设施的整改力度，埋设污水管线，做好绿化整洁，建设无线网络覆盖体系，使村容村貌焕然一新，俨然将乡村打造成了中国人未来的奢侈品；第三，“互联网＋农业”，小镇通过网络平台以及线上线下融合，大力实施订单式农业，网络营销型农业，推动农旅产业发展，使土地利用更科学，生产要素与市场对接更紧密，农产品附加值得到大幅度提高。

总之，特色小镇是实现城乡共享的有效路径，要走好这条路，就必须坚持“城乡全民共享是目标、全面共享是内容、共建共享是基础、渐进共享是途径”的发展思路，共同构筑以人为本、城乡共同富裕的价值理念。

### 三、依托小镇建设实现城乡三生融合

特色小镇独特的产业功能定位表明，它首先是经济转型的产物，其建设初衷是通过促进城乡产业要素均衡流动、产业空间合理布局等手段来实现城乡经济的融合发展。但它更是新型城镇化战略的重要一环，特色小镇还承担着城乡生活以及文化融合的使命。随着各类产业要素尤其是人口要素不断向小镇聚集，小镇的城镇功能就必须得到提升。要想让特色小镇不沦为一个个小型产业区、开发区的简单翻版，获得持续发展动力，它的社区以及文化功能就必须与产业功能得到同步提升，也就是围绕其中人的需求提供更多的公共服务，吸引更多的私人服务。

当然，根据许多特色小镇风景区标准的定位来看，它在城乡生活和生态的融合方面有着天生的优势。小而精、小而美的空间打造，对于城市以及乡村居民所追求的生产和生活都有很强的吸引力。在小镇的规划建设中要充分利用这些优势，推进高端产业与传统产业、生态环境与生活社区的融合。结合城乡统筹战略，将小镇打造成为一个“社会精准治理”的新秩序空间、一个将城乡“生产、生活、生态”（简称“三生”）三者有机“聚合”的“化学熔炉”。在小镇的规划技术路线中，要坚守产业规划先导原则，合理划分“生产、生活、生态”的空间红线，实现“三生”空间的高度协调。

## 第四节　特色小镇发展治理问题与创新对策

### 一、特色小镇发展治理问题

作为我国新型城镇化的重要发展模式，特色小镇无疑具有明显的政策

属性，带有浓厚的政府治理路径特征，即寄希望于通过外部干预的方式来促进地方发展。这种外来政策加自身治理的模式无疑会触及并影响地方的产业经济格局、社会治理方式，甚至地方教育、地方人文的各个领域。作为一种外在干预措施，在我国相关法律规定滞后、社会契约意识不强的大环境下，特色小镇不可避免地呈现出双刃性的特点，即在促进地方经济发展的同时，造成政府、外来资本、原住民等主体间权利和义务的失衡，进而影响社会的公平、正义，影响城乡居民的获得感、幸福感。这点与柏拉图所强调的“一个幸福的国家一定是正义的”，以及亚里士多德所提出的“国家治理要秉承公平正义伦理思想观”的相关理论高度吻合。因此，我国在特色小镇的打造、治理过程中也要充分重视其中的伦理冲突、利益摩擦，走治理上的创新之路。目前出现的问题大体表现为以下几点。

（一）乡镇基层政府治理落后

我国的政治体制要求基层政府履行国家政府的政治意志。特色小镇建设这一国家意志的落实，自然需要地方政府的积极参与，需要它们推动当地产业重新布局和社会关系重新建构。当然这一“国家意志-基层落实”的路径表面是畅通的，因为，随着十一届三中全会以后我国乡镇政府的重新设立，乡村政治与国家意志之间的治理桥梁得到了架通，然而，随着乡镇政府对乡村管治型治理方式的深入，乡镇政权的自我扩张本性就充分暴露了出来。特色小镇建设过程中，发挥主导作用的相关主体往往是乡镇基层政府。在国家决策制定之后，它们充当着国家决策的实施者，利用权力对经济社会进行统筹，对其他相关主体进行管控，并对上级资源、外来资本和本地资源进行重新整合。乡镇政府权力的过度扩张对特色小镇建设中相关主体的权利与义务提出了新的“要求”。在约束制衡机制欠缺的情况下，乡镇干部以管控型治理方式损害原住民权利，转移自身职责和义务，从而获取自身特殊利益的风险就会加大。其间，所滋生的一些腐败现象无疑会恶化干群关系，使特色小镇建设的伦理危机逐渐暴露。

（二）政府、企业短期功利性治理特征明显

改革开放前，我国的政治运行机制更倾向于“道义政治”，但随着改革开放的深入，以及“以经济建设为中心”等思路的指引，这种运行机制逐渐向“利益政治”倾斜，城镇化建设中各参与主体的“经济人”特征日益增强。在这样的大政治背景下，特色小镇建设中的治理方式也呈现出一些功利主义的倾向。虽然近几年国家大力提倡“创新、协调、绿色、共享”等发展理念，但“经济核心惯性”以及一些监督约束制度的缺失依然助长了许多小镇建设的功利追求，印证了“当人们处于从恶能得到好处的制度之下，要劝人向善是徒劳的”这一理念的正确性。由于社会契约等精神的缺失，在功利价值的驱使下，地方政府在特色小镇建设的制度制定中，更加倾向于对自身政绩、经济收益等特殊利益的追求。作为特色小镇建设的资本主体，外来资本也会按照政府的功利意志，设置有利于自身经济收益的功利型运营制度。那么作为特色小镇建设的“名义受益方”——分散的原住民在“政府-企业”双重功利型制度框架下，自身的个体价值追求往往就不得不处于绝对的依附状态。

(三)原住民参与统筹发展规划动机不足

当前，我国新型城镇化面临的一个重要任务就是凝聚分散的公民社会，即通过政治动员提高他们参与发展的积极性。特色小镇建设无疑涉及“基层政府、外来资本和原住民”之间权利与义务的调整和重组：乡镇基层政府拥有借助特色小镇建设获得政绩与口碑的权利，也承担着服务原住民以及促进当地经济社会发展的义务；外来资本通过资本运作获得自身收益，同时也保证目标任务的实施进度与质量；原住民在特色小镇建设中享有参与发展治理的权利，并通过国家政策获取政策红利，利用自有资源获得经济收益，同时自身的自由发展也要受限于集体诉求，并受普遍伦理的约束。当前，我国特色小镇的建设中，乡镇基层政府与外来资本参与地方治理的动机非常强烈、积极性高涨，但是原住民的参与意识普遍淡薄。原住民更加注重自身利益的获取和应有义务的承担，但缺乏参与当地经济社会发展统筹规划与协调治理的动机与意志。

## 二、特色小镇发展治理创新对策

特色小镇无疑是我国政策治理与经济发展有机融合的成功范式，但要实现小镇的可持续发展，我们就必须坚决落实十八届五中全会所提出的“创新、协调、绿色、开放、共享”的发展理念，推动传统基层政治治理模式向现代治理模式转型，打破传统的乡镇基层政府、外来资本与原住民之间的惯性关系，构建一个良好的治理秩序。重点可以从以下几个方面开展观念和行动上的转型。

（一）政府从“功利性”到“公益性”转变

社会职能是政治统治得以生存的基础，只有在社会职能的履行中，政治统治才有了存在的意义。基层政府作为国家以及地区政府意志的执行者，也必须恰当履行自己的社会职能，摒弃原有一些功利性的治理措施，切实承担起为公益而服务的职能。具体就是要尊重小镇自身的社区主体属性，重视原住民的利益诉求，不断扶正与原住民之间的权利义务关系，以实现乡镇基层政府价值与原住民社会价值之间的平衡。在特色小镇的打造与建设过程中，要从汲取原住民生产、生活资源向为原住民提供可持续生计服务进行转变。特色小镇建设的服务对象应以原住民为主，服务内容应以增强他们的可持续生计资本为主。特色小镇在进行产业定位与资本引进的关键环节，要明确原住民可持续发展的资本以及利用的资源有哪些？缺什么？进而以保护当地的优势生计资本和资源、弥补劣势生计资本和资源为具体工作目标，促进小镇建设的可持续发展。在企业项目、外来资本引进的各个环节，要注重保护原住民生计资本的底线，并强化它们为原住民可持续生计提供服务的可能性和可靠性。

（二）政府从“单方管制”到“社会共治”转变

恰如约翰·密尔在《论自由》中所言“政府不应该用自己的活动代替个人和团体的活动与力量，否则政府治理的害处就开始出现了”。这一问题在我国传统城镇化过程中表现得较为突出。传统城镇化的一个重要特征是国家意志对乡村发展的强制性干预。为了实现国家经济、社会发展目标，政府对乡村自治权力进行了充分的管制，使得传统乡村原住民参与当地发展的积极性迅速降低，甚至产生消极抵抗行为。因此，在新型城镇化进程中，政府“单方管制”的错误一定要避免。特色小镇的建设治理为我们提供了政府治理模式转变的机遇，但也提出了具体的要求，即把乡镇原住民的主体权利融入特色小镇治理逻辑中，从原住民的需求出发转变传统的乡镇治理模式。具体而言，第一，优化调整小镇地方政府的权利与义务活动，摒弃“一切统揽”的传统管理方式，适当收缩自身的权利范围，夯实基本义务职责，确实提高自身的政务服务能力和治理效率。第二，适当扩大特色小镇原住民的权利与义务范围，调动他们参与当地经济社会发展建设的积极性，使原住民社会中各种原生力量形成治理合力，实现特色小镇建设的共治。

当然要实现政府、外来资本、原住民之间的协同共治，依靠简单的政府行政命令显然是行不通的，这也是为什么我国传统城镇化过程中国家意志难以落实，小镇原住民消极抵抗的一个重要原因，因为，这种自上而下的、带有强制性的行政模式不能对原住民的利益诉求进行有效的回应。因此，在特色小镇的建设过程中必须要求乡镇基层政府加强对原住民公民身份的定位，加强与原住民之间的对话沟通与合作共治。构建顺畅的沟通交流以及诉求回应机制，实现特色小镇建设中各参与主体之间的良性互动，最终提升小镇的综合治理效率、提升社会公共利益。

总而言之，只有通过有效疏通乡镇基层政府、原住民与外来资本的关系，构建多方利益协调与沟通机制，获取原住民社会的舆论支持，才能最终实现各方之间的协同共生，实现特色小镇的健康稳定发展。

# 参考文献

[1] 马克思,恩格斯．马克思恩格斯全集(第3卷)[M]．中共中央马克思恩格斯列宁斯大林著作编译局,译．北京:人民出版社,1974.

[2] Harvey D. Social Justice and the City[M]. London: Edward Arnold,1973.

[3] Mcgee T G. The emergence of desakota regions in Asia: expanding a hypothesis[J]. The Extended Metropolis: Settlement transition in Asia, 1991:3-25.

[4] 姚尚建．城市的回归——乡村贫困治理中的特色小镇[J]．理论与改革,2018(2):59-66.

[5] 马克思．资本论(第3卷)[M]．北京:人民出版社,1963.

[6] Lewis W A. Economic development with unlimited supplies of labor[J]. Manchester School of Economic and social studies,1954,22(2): 139-191.

[7] 张培刚．发展经济学[M]．北京:经济科学出版社,2001.

[8] 埃比尼泽·霍华德．明日的田园城市[M]．金经元,译．上海:商务印书馆,2000.

[9] 李泉．中外城乡关系问题研究综述[J]．甘肃社会科学,2005(4): 207-212.

[10] 应雄．城乡一体化趋势前瞻[J]．浙江经济,2002(13):48-49.

[11] 洪银兴,陈雯．城市化和城乡一体化[J]．经济理论与经济管理, 2003(4):5-11.

[12] 杨玲．国内外城乡一体化理论探讨与思考[J]．生产力研究,2005(9):23-26.

[13] 万艳华．我国城乡一体化及其规划探讨[J]．华中科技大学学报(城市科学版)，2002，19(2)：60－63.

[14] 周江燕，白永秀．中国省域城乡发展一体化水平：理论与测度[J]．中国农村经济，2014(6)：16－26.

[15] Gugler J. The son of the hawk does not remain abroad: the urban-rural connection in Africa[J]. African Studies Review，2002，45(1)：21－41.

[16] Satterthwaite D. Sustainable cities or cities that contribute to sustainable development? [J]. Urban Studies，1997，34(10)：1667－1691.

[17] 牛文元．中国新型城市化报告·2012[M]．北京：科学出版社，2012.

[18] 王发曾．从规划到实施的新型城镇化[J]．河南科学，2014，32(6)：919－924.

[19] 仇保兴．新型城镇化：从概念到行动[J]．行政管理改革，2012(11)：11－18.

[20] 倪鹏飞．新型城镇化的基本模式、具体路径与推进对策[J]．江海学刊，2013(1)：87－94.

[21] 吴殿廷，赵林，高文姬．新型城镇化的本质特征及其评价[J]．北华大学学报(社会科学版)，2013，14(6)：33－37.

[22] 李萍，田坤明．新型城镇化：文化资本理论视域下的一种诠释[J]．学术月刊，2014，46(3)：85－93.

[23] 徐选国，杨君．人本视角下的新型城镇化建设：本质、特征及其可能路径[J]．南京农业大学学报(社会科学版)，2014，14(2)：15－20.

[24] 李强．城市化进程中的重大社会问题及其对策研究[M]．北京：经济科学出版社，2009.

[25] 陈炎兵，姚永玲．特色小镇——中国城镇化创新之路[M]．北京：中国致公出版社，2017.

[26] 艾伯特·赫希曼．经济发展战略[M]．曹征海，潘照东译．北京：经济科学出版社，1991.

[27] 梁思成．梁思成全集(第4卷)[M]．北京：中国建筑工业出版

社,2001.

[28] 顾朝林. 中国城镇体系:历史·现状·展望[M]. 上海:商务印书馆,1992.

[29] 于立. 英国城乡发展政策对中国小城镇发展的一些启示与思考[J]. 城市发展研究,2013,20(11):27-31.

[30] 蔡秀玲,陈贵珍. 乡村振兴与城镇化进程中城乡要素双向配置[J]. 社会科学研究,2018(6):51-58.

[31] 费孝通. 行行重行行——中国城乡及区域发展调查[M]. 北京:群言出版社,2014.

[32] 刘彦随,刘玉,翟荣新. 中国农村空心化的地理学研究与整治实践[J]. 地理学报,2009,64(10):1193-1202.

[33] 田毅鹏,韩丹. 城市化与"村落终结"[J]. 吉林大学社会科学学报,2011,51(2):11-17.

[34] 党国英. 农村观察不能只有悲情叙事[J]. 文史博览(理论),2016(3):1.

[35] 韩长赋. 着力推进农业供给侧结构性改革[N]. 农民日报. 2016-05-13(1).

[36] 贺雪峰. 工商资本下乡的隐患分析[J]. 中国乡村发现,2014(3):125-131.

[37] 西奥多·W. 舒尔茨. 改造传统农业[M]. 梁小民,译. 上海:商务印书馆,2006.

[38] 向军. 不同土地处置方式下的农民工进城落户意愿的影响因素分析[D]. 大连:大连理工大学,2013.

[39] Fleischer A, Felsenstein D. Support for rural tourism: does it make a difference? [J]. Annals of Tourism Research, 2000, 27(4): 1007-1024.

[40] 卢小丽,成宇行,王立伟. 国内外乡村旅游研究热点——近20年文献回顾[J]. 资源科学,2014,36(1):200-205.

[41] 阿尔弗雷德·马歇尔. 经济学原理[M]. 朱志泰,陈良璧译. 上海:商务印书馆,2010.

[42] Henderson J V. The sizes and types of cities[J]. The American Economic Review,1974,64(4):640－656.

[43] Krugman P. Increasing returns and economic geography[J]. Journal of Political Economy,1991,99(3):483－499.

[44] 王小鲁．中国城市化路径与城市规模的经济学分析[J]. 经济研究,2010,45(10):20－32.

[45] Yankow J J. Why do cities pay more? An empirical examination of some competing theories of the urban wage premium[J]. Journal of urban economics,2006,60(2):139－161.

[46] Alonso W. The Economics of Urban Size[J]. Papers of the Regional Science Association,1971,26(1):66－83.

[47] 亚当·斯密．国民财富的性质和原因的研究[M]. 上海:商务印书馆,2004.

[48] 国务院调查组．广东深圳光明新区渣土受纳场"12·20"特别重大滑坡事故调查报告公布[N]. 广州日报,2016－07－16(7).

[49] Scott A J. Location patterns and dynamics of industrial activity in the modern metropolis [J]. Urban studies,1982,19(2):111－142.

[50] 克劳斯·昆兹曼,尼尔斯·莱伯,刘源．德国中小城镇在国土开发中扮演的重要角色[J]. 国际城市规划,2013,28(5):29－35.

[51] 王勇,王庆九,吴勇等．污染物治理成本测算方法及排污费征收标准调整方案研究——以南京市排污费征收标准调整为例[J]. 环境科技,2015,28(3):72－75.

[52] 杨书臣．日本小城镇的发展及政府的宏观调控[J]. 现代日本经济,2002(6):20－23.

[53] 吴国文. 住房城乡建设部国家发展改革委财政部联合发文:培育千个特色小镇实现首个百年目标[N]. 中国建设报,2016－07－21.

[54] 郑文哲,郑小碧．中心镇推进城乡一体化的时空演进模式研究:理论与实证[J]. 经济地理,2013,33(6):79－83.

[55] 周晓虹．产业转型与文化再造:特色小镇的创建路径[J]. 南京社会科学,2017(4):12－19.

［56］苏斯彬，张旭亮．浙江特色小镇在新型城镇化中的实践模式探析［J］．宏观经济管理，2016(10)：73－75．

［57］李柏文，曾博伟，宋红梅．特色小城镇的形成动因及其发展规律［J］．北京联合大学学报（人文社会科学版），2017，15(2)：36－40．

［58］卫龙宝，史新杰．特色小镇建设与产业转型升级：浙江特色小镇建设的若干思考与建议［J］．浙江社会科学，2016(3)：28－32．

［59］李冬梅，郑林凤，林赛男，等．农业特色小镇形成机理与路径优化——基于成都模式的案例分析［J］．中国软科学，2018(5)：79－90．

［60］李鹏举，崔大树．空间交易费用、产权配置与特色小镇空间组织模式构建——基于浙江特色小镇的案例分析［J］．城市发展研究，2017，24(6)：10－17．

［61］戴维·哈维．叛逆的城市［M］．北京：商务印书馆，2014．

［62］姚尚建．城乡一体中的治理合流——基于"特色小镇"的政策议题［J］．社会科学研究，2017(1)：45－50．

［63］王小章．特色小镇的"特色"与"一般"［J］．浙江社会科学，2016(3)：46－47．

［64］马占魁，孙存良．准确理解和把握共享发展理念的深刻内涵［N］．光明日报，2016－06－19(6)．

# 后　记

恰如经济学家斯蒂格利茨曾经的预言:美国的新技术革命和中国的城镇化,将是21世纪带动世界经济发展的“两大引擎”。中国的城镇化正在通过宏大叙事的方式展示其推动社会结构变迁的巨大能量。置身于这一宏大的社会变迁中,我们或许可以期待“城乡之间长期存在的刚性二元结构最终将会消亡,一个更具包容性、尊重异质性、体现多元性的一体化结构格局得以实现”,但这种和谐美妙的理想状态自然不可能自发轻易形成,而需要我们在理念、价值认同、发展路径上达成一致和共识,为城镇化这一“引擎”动力提供正确的导航和方向。

改革开放四十多年来,我国的城乡面貌可谓发生了翻天覆地的变化,但更剧烈的变化还是在于人们对城乡关系的认知变迁:从最早的城乡两极对立,到城乡连续统的转变;从最早对工业机器轰鸣的赞叹和农药化肥的盲目推崇,到现阶段对生态发展与和谐社会构建的渴望。包含其间更多的是中国人利用自身特有的智慧对人、自然、文化等关系的不断调适。小城镇理论的不断完善和强化恰恰是我们对于上述各种关系间裂痕修补的重要手段。在自然、经济、文化一体的视角下,小城镇利用自身的自然生态优势,大力发展生态农业、旅游观光等绿色经济,在发展中实现生态与经济的相长、人与环境的和谐、环境与文化的融合,这无疑是对小城镇生命力最基本最朴实的描述。小城镇所崇尚的自然、经济、文化浑然一体的生存模式,恰恰是我国生态文明建设、和谐社会发展、城乡融合等国家战略的核心之义。

作为新型城镇化工作的重要内容,小城镇发展已然成为我国现代化与城乡统筹发展的重要方略。面广量大的小城镇可以视为我国城镇体系金字塔的底座和基础,它对于我国“新型城镇化事业大厦”的支撑作用不言而喻。小城镇基础的健康稳固不但关系着乡村振兴的重大使命,也承担着城市群、都市圈优化发展的重要任务。将城镇化工作重心适当下移，提前谋划和发展中小城镇，正是夯实基础，顺应时代发展机遇的重要举措。近十年来，我国小城镇建成区常住人口一直保持稳定增长态势，与大中城市相比，其集聚人口的能力也呈现稳步上升态势，小城镇已经越来越成为人口就地、就近城镇化的重要载体。小城镇的发展和壮大无疑能有效丰富我国城镇结构体系，完善城市群的网络结构，推动城乡产业发展、公共服务、环境保护以及社会治理的一体化，最终实现城乡全域范围内城市文明的发展与共享。

在城乡融合发展的时代背景下，我们的城市规划与建设应该具有全域的视角，政策的改革和创新应该坚守一体化的目标。小城镇作为我国新型城镇体系的重要组成部分，无论是从产业经济协调发展的角度，还是从促进"人本"精神回归的角度来看，都值得我们用大战略的眼光去看待。正如亨利·丘吉尔曾指出的那样："对于人类的精神生活来说，城市规划有一个重要的衍生品，它可以，实际上非常有可能，带给人们一种充满美感的环境。随着我们对周围环境的认知不断增强，对休闲享受的追求也越来越高，愉悦感已经成为生活中一份宝贵的财富。"从这个意义上说，城市并不存在一种固定的模式，正相反，那些只有在乡村中才会出现的，与美好环境相伴相生的人群聚落，恰恰是城市的内在诉求，而这也恰好是小城镇发展的要义所在。

作者

2021年12月

**图书在版编目(CIP)数据**

小城镇:城乡一体化的大战略/徐志文著.—合肥:合肥工业大学出版社,2022.5

ISBN 978-7-5650-5064-0

Ⅰ.①小…　Ⅱ.①徐…　Ⅲ.①城市化—研究—中国　Ⅳ.①F299.21

中国版本图书馆 CIP 数据核字(2020)第 228452 号

**小城镇——城乡一体化的大战略**

徐志文　著

| | |
|---|---|
| **责任编辑** | 张择瑞　童晨晨 |
| **出版发行** | 合肥工业大学出版社 |
| **地　　址** | (230009)合肥市屯溪路 193 号 |
| **网　　址** | www.hfutpress.com.cn |
| **电　　话** | 理工图书出版中心:0551-62903204<br>市场营销与储运管理中心:0551-62903198 |
| **开　　本** | 710 毫米×1010 毫米　1/16 |
| **印　　张** | 12.75 |
| **字　　数** | 200 千字 |
| **版　　次** | 2022 年 5 月第 1 版 |
| **印　　次** | 2022 年 5 月第 1 次印刷 |
| **印　　刷** | 安徽昶颉包装印务有限责任公司 |
| **书　　号** | ISBN 978-7-5650-5064-0 |
| **定　　价** | 48.00 元 |

如果有影响阅读的印装质量问题,请与出版社市场营销与储运管理中心联系调换。